I0423273

الداروينة

منشورات المعجم التطوري

sci-understanding.org

هذا العمل ترجمة لـ :

Perreault C (2012) The Pace of Cultural Evolution.
PLoS ONE 7(9): e45150. doi:10.1371/journal.pone.0045150

Isaksson S, Funcke A, Envall I, Enquist M, Lindenfors P
(2015) A Novel Method to Analyze Social Transmission in
Chronologically Sequenced Assemblages, Implemented on
Cultural Inheritance of the Art of Cooking.
PLoS ONE 10(5): e0122092. doi:10.1371/journal.pone.0122092

الطبعة الأولى 2016

ردمك - 13: 978-1533606990

الداروينة

نموذجان من البحث العلمي المعاصر في الثقافة

ترجمة
عبدالله المعمري

المحتويات

مقدمة المترجم...9

وتيرة التطور الثقافي

الملخص 18

المقدمة 19

المواد والطرق 21

النتائج.. 28

المناقشة 34

شكر وتقدير 36

مساهمات المؤلف.. 36

المراجع.. 37

طريقة مبتكرة لتحليل النقل الاجتماعي في المجاميع المتسلسلة زمنيا مع تطبيق على التوراث الثقافي في فن الطهي

الملخص 48

المقدمة 49

تاريخ ثقافي موجز عن الطهي 52

المواد والطرق 56

النتائج.. 63

المناقشة 64

المعلومات الداعمة 73

شكر وتقدير 73

مساهمات المؤلفين... 74

المراجع.. 75

مسرد المصطلحات.. 79

ملاحظات

- وجود رقم بين معقوفتين هكذا [1] يحيل إلى مراجع الدراسة.
- جميع هوامش الكتاب للمترجم.

مقدمة المترجم

يتغير شكل النوع الحيواني من جيل إلى آخر، ومع الزمن تتراكم التغيرات الصغيرة في اتجاه تكيّفٍ أكبر مع البيئة المحيطة، إنها وسيلة النوع لمواكبة التغيرات من حوله والاستمرار في الحياة، لو لم يكن الأمر كذلك لعجز عن الصمود أمام تقلبات الأرض وتحولاتها، ولو حدثت هذه التغيرات بوتيرة أبطأ من وتيرة التغيرات البيئية لتعرض للانقراض، أما إن كان أسرع في التغير فإن ذلك يُفضي به إلى اجتياح أماكن وبيئات جديدة، وبالتالي الانتشار في مساحات أوسع من الأرض.

الإنسان كسائر الأحياء يخضع جسده لتغيرات دائمة بطبيعة الحال، لكنه دون الجميع يمتلك بصورة واضحة نظام وراثة إضافي؛ هو نظام وراثة المعلومات، أو ما يعرف بالثقافة، حيث تنتقل الأفكار والمهارات من جيل إلى آخر (في مقابل نظام انتقال الجينات من جيل إلى جيل أو نظام وراثة الصفات الحيوية)، وخلال انتقال الثقافة يعمد الأفراد إلى تطويرها وشحذها ونشرها بين المعاصرين وتحويلها إلى الأجيال التالية.

في القرن الثامن عشر قدّم الفرنسي جان باتيست لامارك فكرته عن التطور الحيوي، وهو أنه يتم من خلال الجهد الذي يبذله الآباء؛ فالزرافات تمد أعناقها نحو أعالي الأشجار فتتمدد، ثم تورث هذا التمدد لذراريها، وهكذا في سائر الأعضاء، حيث ما يشحذه الآباء بالمراس يصبح ميزة الأبناء. ولقد اتضح أن هذه الفكرة لا حظّ لها من الصواب، وأن التطور الحيوي يحدث عبر التحولات العشوائية التي تصيب الجينات عند انتقالها عبر الأجيال، غير أنه ما زال بالإمكان أن نسم الثقافة بهذه الصفة فهي تنتقل بعد الشحذ والتطوير عبر

الأجيال.

الثقافة أداة تكيّف مع البيئة المحيطة؛ فبفضلها طوّر الإنسان من الأساليب ما مكّنه من تذليل أقسى البيئات، ونتج عن ذلك الانتشار الفائق الذي نراه يكتسح كوكب الأرض اليوم.

لدينا إذن نظاما وراثة هدفهما تمكين الكائن الحي من مواكبة تغيرات البيئة والتأقلم مع الظروف الجديدة، يتشاطر الإنسان أحدهما مع سائر الحيوانات أما الآخر الذي هو الثقافة فلا تمتلك الحيوانات منه سوى أنماط بدائية لا تسمح لها بكسر الاتصال المباشر بالطبيعة؛ من أجل ذلك يُفسَّر انتشار الإنسان الكبير في الأرض بهذه الخاصية.

في هذا الكتاب نقدم دراستين مجالهما هو البحث في طبيعة التطور الثقافي Cultural Evolution، بأي صورة تتراكم التغيرات وتنتقل عبر الأجيال؟ وبأي سرعة يحدث ذلك مقارنة بالتطور الحيوي؟ وهل تتفاوت سرعات التغيرات الثقافية فيما بينها؟

في الدراسة الأولى يتناول تشالز بيرو تطور التقنيات الأركيولوجية باعتبارها ممثلا للتطور الثقافي في مقابل تطور الشكل الحيواني، ويلجأ إلى وحدة قياس معروفة بُنيتْ في الأصل لحساب التغير الحيوي هي وحدة الداروينة، ابتكرها عالم الوراثة الهندي البريطاني جون هالدين (1892 - 1964)، والداروينة الواحدة تساوي ما مقداره 2.718 (أساس اللوغارتم الطبيعي) تغيرٍ خلال مليون سنة، وهي على ذلك تقيس معدل التغير في الصفة الواحدة (مثل قياس تغير طول عظمة عبر ملايين السنين) عوضا عن سلالة الكائن بأكملها، وقد وجد بيرو أن ذلك مناسب جدًا لقياس التغير في الصفات الثقافية مثل طول سنان حجري أو ارتفاع بناء أو سُمك وعاء خزفي، وفي الوقت ذاته سمح ذلك بعقد مقارنة بين التطورين، ومن ثَمَّ فقد طرح أسئلته التالية: هل تحدث التغيرات الثقافية بوتيرة أسرع من التغيرات الحيوية؟ وإذا كانت تحدث بوتيرة أسرع فما هو

مقدار الفرق بين السرعتين؟ وما خصائص التطور الثقافي التي يمكن استخلاصها بالعموم.

ورغم أن التأملات النظرية يمكنها الإجابة عن السؤال الأعم الذي يبحث مسألة ماهية التطور الثقافي الذي لا يخفى على أحد؛ فهو يظهر في التقدم المستمر للحضارة البشرية، إلا أن للعلم الطبيعي طريقته الخاصة في الوصول إلى الحقائق، فهو يزن المشاهدات والتأملات بميزان التجربة، ويعالج الأفكار بلغة الرياضيات الدقيقة، لتكون الحصيلة المعرفية بعد ذلك طيّعة للنقد والتطوير، وقابلة للبناء عليها والانطلاق منها إلى مجموعة أعقد من الأفكار والنتائج.

وإذا كان تشالز بيرو يحاول احتساب وتيرة التطور الثقافي من خلال استخدام مترية ذات بعد واحد فإن الدراسة الثانية التي أنجزها باتريك ليندينفورس وفريقه تقدم طريقة أكثر تعقيدًا ومردودية، يمكن من خلالها عقد مقارنة بين مجاميع أركيولوجية تنتمي لأزمنة مختلفة بكامل ما تحويه هذه المجاميع من قطع أثرية متعددة الخواص، بحيث تصبح عناصر التغير الثقافي أكثر تفصيلا، فيتأتّى لنا بعد ذلك مشاهدة أي العناصر تتغير بوتيرة أسرع، وأيها يخضع لقفزات تغيرية سريعة، ومن ثَمّ يكون بمقدورنا وضع التفسيرات الملائمة لهذه الاختلافات.

يستفيد هذا الفريق من دراسة سابقة أجراها على كتب الطهي في شمال غرب أوروبا، ويجد أن المكونات الداخلة في إعداد أطباق الطعام تمتلك المؤهلات الكافية لشرح هذه الطريقة؛ فهي جزء من ثقافة الإنسان التي تنتقل عبر الأجيال في متصل اجتماعي غارق في القدم.

لقد حوّل الفريق ببساطة كل كتاب إلى نقطة في فضاء متعدد الأبعاد، كل بُعدٍ هو خاصية من خواص الكتاب ذاته، ولما استقام المسرح الهندسي حسبوا المسافات بين هذه الخواص، وكشفت هذه الطريقة في النهاية أن العناصر

الثقافية تتعرض لأنماط تغيرٍ مختلفة تبعا لطبائعها الخاصة في علاقتها بالمحيط.

وفي هذه الدراسة يرد مصطلح النقل الاجتماعي Social transmission الذي يعني تلك العملية التي تنتقل فيها المعلومات أو السلوكات خلال مجموعة حيوية من خلال الاتصال الاجتماعي فيما بينها، وهذا الأمر يحدث في اتجاه عمودي عبر الأجيال واتجاه أفقي بين الجماعات المختلفة التي يقع بينها اتصال، وهو ما رصدته هذه الورقة في الاتجاهين فيما يتعلق بالطعام وعادات تناوله. وقد اتضح أن القفزات التطورية تحدث بسبب اتصال المجموعة الاجتماعية بالثقافات المجاورة، وبسبب الابتكارات التي يقدمها الأفراد، لكن التطور الثقافي بالمجمل يحدث عبر وتيرة بطيئة وشبه ثابتة.

تُعلمنا هاتان الدراستان أهمية الثقافة باعتبارها أداة تفوّق وتمكين فيما يتعلق بالاتصال بما حولنا، وأن الاستفادة من الأدوات التي طورتها الثقافات المجاورة أمر بالغ الأهمية لإحداث القفزات التي تكسر لنا وتيرة التطور الثقافي البطيئة، وتنبهنا أيضا إلى قوى المقاومة الاجتماعية الطبيعية التي تحاول الإبقاء على لُحمة المجتمع لكنها في الوقت ذاته تمنعه من الحصول على أدوات ثقافية أكثر كفاءة وفاعلية.

ورغم أن ذلك سبب كاف لنقلها إلى العربية إلا أن الغرض الأساس هو أن يتمكّن القارئ العربي من الاطلاع على أساليب التفكير الحديثة جدا فيما يتعلق بالثقافة، حيث يتم تحويل الظاهرة إلى قيم قابلة للقياس والحوسبة في هيئة خوارزميات عالية التعقيد، وهو الأمر ذاته الذي اختبرته الفيزياء قبل بضعة قرون فتحولت إلى علم صلب قادر على التنبؤ الدقيق وتوسيع وعي الإنسان المرتهن وجوده باللحظة في الإتجاهين: الماضي والمستقبل، الأمر ذاته أيضا حدث لعلم الأحياء حين ظهر علم الأحياء الرياضياتي، وبما أن الثقافة تنتج عن كيان حيوي هي الأخرى فإن اختبارها من المنظور الرياضياتي يستحق الجهد، ولعل ذلك مع الأيام يعود على المجتمعات البشرية بالخير الوفير تماما مثلما حدث

في العلوم الطبيعية.

أنماط التفكير العلمية الحديثة هي أيضا أدوات ثقافية مكنت المجتمعات المجاورة من اكتساب مكانة رائدة، وبما أنها أثبتت فعاليتها هناك فلا بد من تجربتها هنا.

إن التجربة الثقافية البشرية بالعموم صورة لحدث واحد؛ ففي رحلة البشرية الطويلة ما فتأت المجموعات البشرية تتعرض لموجات من التراشح والتثاقف، يكفي أن ننظر للصورة التاريخية الكبرى في بضعة آلاف سنة غابرة؛ فما كان يمثل الحضارة الأرفع في بلاد ما بين الرافدين ومصر، بما حوته من طرائق حسابية ومكتبات وتصنيفات معرفية وطب وديانات وأساطير ارتشح غربا إلى الإغريق لتظهر أدوات تفكير أكثر فاعلية، وارتشح شرقا لتظهر الحضارة العربية الإسلامية، وفي الخضّم تداخلت الاندياحات الثقافية هنا وهناك.

ولأن الثقافة البشرية تُراكم آلياتها الدفاعية ضد التغير كلما اكتنزت وزادت محمولاتها فقد وجد المد المسيحي الإغريقي مقاومة عاتية أمام مجتمعات في أوج قوتها في الشرق، لكن المد الذي اتجه غربا وجد بيئة مفتّحة الأبواب واكتسبت أوروبا سمتين عظيمتين أنتجهما الشرق هما: المسيحية والفلسفة الإغريقية، ومع إشعاعات إسلامية لاحقة تدخل أوربا حقبة العلم الطبيعي الذي مثّل انفجارا ثقافيا هائلا لا يعادله سوى اختراع الكتابة التي نقلت البشر من عصور ما قبل التاريخ.

وإذا كان وجود ثقافات منفصلة نسبيا فيما مضى ممكنا بسبب ضعف أدوات الاتصال أمام الحدود الجغرافية الكبيرة، فإن الأمر مختلفٌ جدا اليوم؛ فقد اختفى الحاجز الجغرافي، وتضاعفت وتيرة الموجات، وزاد مقدار التلاطم في الحوض الثقافي البشري، وصار من الحتمي أن نوغل بكل ما أوتينا من قوة في الاستفادة من التجارب الرائدة، لأنها ببساطة تجاربنا التي أرسلناها في الماضي وشبت وعادت إلينا يافعة.

لم تُعدّ هاتان الدراستان للقارئ العادي، فهما جزء من حوار أكاديمي يدور حاليا بين الباحثين، والدراسة الثانية -كما سنلاحظ- تشير إلى جوانب النقص في الدارسة الأولى وتحاول تغطيتها، وهذا النوع من الدراسات يفترض قارئا ذا دراية بعلم الإحصاء بالإضافة إلى علم الأحياء ليتمكن من الوصول إلى الحجج التي تسوقها، لكن الغرض من نقلهما كما أسلفنا هو عرض هذا النوع من البحث ليكون حاضرا أمامنا عندما نشرع في التفكير حول ثقافتنا.

لجأت في الترجمة إلى لغة مبسطة جدا، وقدمت الوضوح قدر الإمكان على كل حلية بلاغية، وتجاوزت مسألة النقل الحرفي إلى الشرح والمواءمة أحيانا، فقد وجدت أن استراتيجية الترجمة المباشرة لا تخدم الهدف المنشود.

وأخيرا فإن هذه الترجمة مَشَاع لمن شاء تطويرها أو الاستفادة منها، استحضر هنا مقولة البروفيسور الأميريكي روبرت جرانت: "لا يمكن أن توجد ترجمة نهائية تماما"، وقد اشترط الباحثون ذكر أسمائهم ومصدر الدراسات، والالتزام بما اشترطوا واجب أخلاقي وقانوني.

المترجم

وتيرة التطور الثقافي

تشارلز بيرو

وتيرة التطور الثقافي

تشارلز بيرو

معهد سانتافي، سانتافي، نيو مكسيكو، الولايات المتحدة الأمريكية

البريد الإلكتروني: cperreault@santafe.edu

المصـدر: Perreault C (2012) The Pace of Cultural Evolution. PLoS ONE 7(9):
e45150.doi:10.1371/journal.pone.0045150

حيثيات إعداد الدراسة كما وردت في المصدر الأصلي:

المحرر: أليكس ميسودي، جامعة دورهام، المملكة المتحدة

تُلقيت: 29 مارس 2012. **قُبلت:** 17 أغسطس 2012. **نشرت:** 14 سبتمبر 2012.

التمويل: تـم دعـم هـذا العمـل مـن خـلال برنامـج زمالـة في مجلـس بحـوث العلـوم الاجتماعيـة والإنسانيـة في كنـدا [752-2006-2301]. http://www.sshrc-crsh.gc.ca/home-accueil-eng. aspx. لم يكـن للممولـين أي دور في تصميـم الدراسـة وجمـع البيانـات وتحليلهـا، أو قـرار نشرهـا، أو إعـداد مخطوطتهـا.

تضارب المصالح: صرّح المؤلف بخلو عمله من تضارب المصالح.

الملخص

يستوطن البشر اليوم أغلب الموائل البرية في العالم، وقد فُسر هذا الأمر بامتلاكنا نظامَ وراثة ثانوي هو الثقافة بالإضافة إلى النظام الوراثي الجيني. وبسبب افتراض أن التطور الثقافي يحدث بوتيرة أسرع من التطور الحيوي يستطيع البشر التكيف مع الأنظمة البيئية الجديدة بسرعة أكبر من بقية الحيوانات، إلا أن هذا الافتراض لم يختبر تجريبيا.

في هذه الورقة عقدتُ مقارنة بين معدلات التغير في التقنيات البشرية ومعدلات التغير في الأشكال الحيوانية animal morphologies، ووجدت أن معدلات التغير في التطور الثقافي تتناسب عكسيا مع طول الفترة الزمنية التي يقاس فيها المعدل وذلك شبيه بما هو معروف عن المعدلات الحيوية. هذه العلاقة تفسر لماذا تكون وتيرة التطور الثقافي أسرع عندما تُقاس في الأزمنة الحديثة؛ فالفترات الزمنية أقصر عادة.

بتثبيت العوامل الأخرى لاختبار العلاقة بين معدلات التغير والفترات الزمنية كشفت عن التالي: (1) التطور الثقافي أسرع من التطور الحيوي، (2) يبقى ذلك صحيحًا حتى عندما يتم تثبيت العوامل الأخرى لاختبار علاقة معدلات التغير بطول عمر الجيل، (3) تسمح لنا الثقافة بالتطور خلال مدة زمنية قصيرة، وهو أمر متاح للأنواع قصيرة العمر فقط، كما تسمح لنا في الوقت ذاته بالاستمتاع بالفوائد المترتبة على امتلاك حياة عمرية طويلة.

المقدمة

يسيطر البشر على أنظمة الأرض البيئية [1]؛ فجماعاتنا الكبيرة بشكل غير مألوف تغطي اليوم أغلب المواثل البرية في العالم، وتزدهر في بيئات متنوعة تنوعَ أحراش الأمازون وصحراء القطب الشمالي، هذا التشعب التكيّفي adap-tive radiation فُسّرَ من خلال قدرتنا على اكتساب المعلومات اجتماعيا، وهو ما يعرف باسم الثقافة [2–4]. وهي نظام وراثة يتوازى ويتفاعل مع نظام الوراثة الجيني [5–8]؛ حيث تتراكم التفاوتات والابتكارات الثقافية في المجموعة عبر الزمن ممهدةً لتطور تكيفات ثقافية معقدة [9–13]. وبسبب الافتراض بأن التطور الثقافي يحدث بوتيرة أسرع من التطور الحيوي يستطيع البشر التأقلم مع الأنظمة البيئية الجديدة بسرعة أكبر من بقية الحيوانات [4]، غير أن الدليل على فرضية أن التطور الثقافي أسرع من التطور الحيوي هو دليل أقصوصي[1] [3,14]، ولم تعقد حتى الآن أية مقارنات منهجية تتعلق بمعدلات التغير الثقافي والحيوي، علاوة على ذلك، إذا كان هذا الفرض صحيحا فنحن لا نعلم بأي مقدار هو التغير الثقافي أسرع مقارنة بتغير النمط الظاهري[2] phe-notype.

من المتوقع أن يكون التطور الثقافي أسرع من الـتطور الحيوي بسبب طبيعته اللاماركية، ولأن المعلومات الثقافية تنتقل عبر طرق تختلف عن المعلومات الجينية؛ ففي حين ينشأ التفاوت في التطور الحيوي من التحولات العشوائية فإن التفاوت الموجّه ذا الطبيعة اللاماركية (والذي يحدث عبر تعديل الأفراد للمعرفة والمهارات والتقنيات ونقلها بعد ذلك إلى أفراد آخرين) يعتبر مصدرا قويا للتفاوت الثقافي [3,5,7,15,16]، وبالتالي فإن التطور الثقافي

1 الدليل الأقصوصي (anecdote) هو القائم على حكاية أو مشاهدة فردية، وهو لا يعتبر دليلا علميا ويرِد غالبا في سياق النقيض للحقيقة العلمية.

2 هي صفات الكائن الحي التي تعود إلى تفاعل البيئة مع الجينات وقد يمتلك كائنان صفتين مختلفتين رغم امتلاكهما الأساس الجيني ذاته (النمط الجيني) وذلك بسبب اختلاف البيئة.

-مقارنة بالتطور الحيوي الأعمى- يمكن أن يُقاد ويوجّه فتكون عملياته أسرع. وأيضا فإن التطور الحيوي مقيد بطول عمر الجيل في النوع الواحد وذلك لأن المعلومات الجينية تنتقل عموديا من خلال التكاثر الجنسي من جيل إلى آخر، في حين يمكن للمعلومات الثقافية أن تنتقل من الأجيال السابقة إلى اللاحقة دون وجود صلة قرابة، وأن تنتقل أفقيا بين أفراد من الجيل ذاته، بالإضافة إلى انتقالها من الآباء إلى الأبناء. هذا النمط من الانتقال يعطي التطور الثقافي القدرة على الانتشار السريع في المجموعة الواحدة بطريقة تشبه انتقال الأمراض الوبائية [3,5,7,15,17].

بالرغم من كل ذلك فليس واضحا تماما ما إذا كان التطور الثقافي أسرع من التطور الحيوي؛ فمن جهة يضِجُّ السجل الأركيولوجي[1] بأمثلة على تقاليد ظلت ثابتة بشكل ملحوظ عبر مئات السنين؛ الأدوات الحجرية الصغيرة Microlithic على سبيل المثال ظهرت في شمال آسيا قبل حوالي 17000 - 18000 سنة، وبقيت جزءا من أدوات مجتمعات الصيد وجمع الثمار (الجَمَعَة) hunter-gatherers إلى ما قبل 14000 سنة [18]. والسيف الياباني أيضا، وهو تقنية أكثر تعقيدا من الأدوات الحجرية بكثير، ظل يصنع بالطريقة ذاتها تقريبا لما يقارب 700 سنة [19,20]. بالمقابل يدرس علماء الأحياء عادة التغير التطوري في مدد زمنية أقصر من ذلك بكثير؛ فعصافير داروين التي أصبحت المثال الكلاسيكي المدرسي على التطور -وهي نوع من الطيور تعيش في جزر جالاباجوس- تخضع لتغيرات مورفولوجية على نحو سنوي [21].

تشير هذه الأمثلة إلى أن توزيعات معدلات التغير الحيوية والثقافية متداخلة[2] على الأقل؛ فقد تكون الثقافة أقل قيودا من الأبنية الحيوية ولديها القدرة على التغير الفوري، ومع ذلك فإن الكثير مما نعرفه من الأبحاث

---

1 مجموعة الأدلة المادية على الماضي مثل التحف ومواقع الحفريات الأثرية... إلخ.
2 متداخلة في الأشكال البيانية بمعنى أنه توجد معدلات تغير حيوية أسرع من الثقافية، وبالتالي فنحن لا نستطيع الحكم بأن التغيرات الثقافية أسرع بالعموم من التغيرات الحيوية إلا بعد اختبار الأمر.

الأنثروبولوجية والنفسية يخبرنا أن الثقافة نادرا ما تتغير فوريا؛ فالانحراف عن معايير المجموعة الاجتماعية يمكن أن يكون مكلفا أو مؤديا إلى العقاب [22-25]. إن الآليات (أو الميكانزمات) الاجتماعية والنفسية التي تدفع الأفراد إلى ابتكار هوياتهم العرقية [26] أو إلى الامتثال[1] conformism مثلا [27] ستعمل أيضا ضد التغير السريع في سلوك الفرد. وهكذا بأخذ هذه القوى المضادة للتغير الثقافي في الذهن يمكن للمرء أن يتساءل ما هي سمات وتيرة التطور الثقافي، وكيف يمكن أن تقارن مع وتيرة التطور الحيوي؟ أحاول الإجابة هنا عن هذه الأسئلة من خلال مقارنة معدلات التغير في التقنيات (كما رُصدت في السجل التاريخي والأركيولوجي) بمعدلات التغير المورفولوجي (كما شوهدت في مجموعات الحيوانات الأحفورية ومجموعات الحيوانات الحديثة).

المواد والطرق

تم الحصول على معدلات التغير الحيوية من دراسات سابقة [28,29]. وقد أُحتسبت هذه المعدلات من عمليات الرصد التي مورست على مختلف المستويات التصنيفية: بدءا بالمجموعات الجزئية التي تنتمي لنفس النوع وانتهاء بالجنس والعائلة[2]. أما المعدلات الثقافية فقد جُمعت من الأدبيات الأركيولوجية وهي موضحة في الجدول (1).

المعدلات الثقافية الموضحة في الجدول مبنية على الملاحظات التي أُبديت على وحدات التصنيف التي يحيل إليها علماء الأركيولوجيا عادة -وإن بشكل عشوائي [30]- مثل النمط والصنف والأسلوب أو لنقل التحف التي تشترك في مجموعة من الخواص وتتمتع بتوزيع جغرافي وزمني واضح.

---

1 الامتثال هو فعل مماهاة الإنسان سلوكه ومعتقداته مع معايير الجماعة وقيمها.
2 تصنف الكائنات الحية في مستويات تصنيفية تبدأ من المجموعات الجزئية التي تنتمي للنوع والأنواع التي تنتمي للجنس والأجناس التي تنتمي إلى العائلة ...إلخ

الجدول 1 . مصدر المعدلات الثقافية الموجودة في السجل الأركيولوجي (البيانات متوفرة عند الطلب).

المعدل المطلق (d)	عدد المعدلات	الصفة التقنية
110–21895	36	طول الحد الأقصى لأدوات حجرية من الأحراش الدنيا الأمريكية [57]
10–74,901	77	عرض الحد الأقصى لأدوات حجرية من الأحراش الدنيا الأمريكية [57]
697–42,713	36	طول الجذع الأقصى لأدوات حجرية من الأحراش الدنيا الأمريكية [57]
160–12,348	6	طول يدويات جنوب غرب أميريكا [58]
1,304–3,529	6	عمق بناء حفري أنسازي [59]
7–3,957	26	ارتفاع قطع طباعة من أنابوليس [60]
252–2,424	3	قطر أنبوب غليون من خليج التشيزبك [61]
44–3,982	15	قطر شعلة النار من كولارادو [62]
398–9,956	6	طول شفرة خنجر [63]
613–1,842	3	سُمك شفرة خنجر [63]
201–5,753	6	عرض شفرة خنجر [63]
217–1,596	11	عرض سنان حجري من دلوار [64]
959–1,438	5	طول بيت ريفي من أوروبا [65]
371–12,730	3	طول سنان معدني [66]
1,263–14,932	19	حجم رأس كوب من قرى نهر السكين الهندي [67]
4,684	1	ارتفاع بيت طولي [68]
143–1,079	15	عرض قاعدة فأس حجري ثنائي الوجه من ميتشاجن وأونتاريو [69]
62–490	3	سُمك وعاء خزفي من ميسوري [70]
58–17,153	16	سُمك جدار خزفي من ميسوري [71]
86–12,603	44	سُمك جدار وعاء خزفي من أحراش ميسوري [72]
420–45,554	25	طول سنان حجري [73]
118–37,898	15	عرض سنان حجري [73]
3,364–6,372	15	قطر أنبوب غليون طيني من نيو إنجلاد [61]
28–4,957	77	سمك وعاء فخاري لشعب الإيراكواس من نيويورك [75]

طول بيت طولي إيراكواسي من أونتاريو [76]	5	309–3,659
سمك زجاج نافذة من الشمال الغربي الأمريكي [77]	25	45,53–29,580
قطر حافة وعاء فخاري برتغالي [78]	1	1,482
نحاس ساسكاتشواني، طول سنان [79]	3	1,820–18,950
حديد وصلب ساسكاتشواني، طول سنان [79]	28	1,161–614,969
محيط سنان من وادي نهر شاشون [80]	36	8.92–1,600
عمق بناء حفري من مرتفعات موجولون [81]	4	943–3,187
قطر عنق وعاء فخاري من وادي المسيسيبي الأعلى [82]	6	572–3,202

وقد جُمعتْ فقط المعدلات التي تقابل التغير في قيمةٍ متريةٍ ذات بعد واحد[1]. واستُبْعدتْ المعدلات الحيوية المرصودة في المختبر أو التي خضعت لتعديلات بشرية أو تلك التي تقيس التباعد divergence بين مجموعتين أختين حديثتين. وبُذل الجهد لتجميع عينة غير متحيزة من المعدلات الثقافية المأخوذة مما اعتبره مؤلف أو مؤلفو كل دراسة منتميا لمجموعة متصلة تاريخيًا، وقيست المعدلات الحيوية و المعدلات الثقافية باستخدام وحدة الداروينة (d) التي هي وحدة معيارية للتغير محتسبة بعدد الثابت (هـ)[2] في وحدة الزمن (بالمليون):

$$d = \frac{X_2 - X_1}{\Delta t}$$

حيث (x_1) و (x_2) هي متوسط قيمة الصفة الحيوية[3] في الزمنين (1) و (2) على التوالي، و Δt هي الفترة الزمنية بين (x_1) و (x_2) مقاسة بملايين السنوات.

1. الطول أو العرض أو الارتفاع ... إلخ كما هو مبين في الجدول 1، والمترية هي دالة المسافة التي تقيس البعد بين نقطتين.

2. (هـ) أو (e) ثابت رياضياتي مهم وهو أساس اللوغارتم الطبيعي يساوي تقريبا 2.71828

3. الصفات الحيوية هي جميع خصائص الكائن الحي الذي تميزه عن سواه مثل أطوال الأطراف أو ألوان العيون إلى سائر السمات التشريحية والفزيولوجية والسلوكية المختلفة، سيستخدم المؤلف أيضا الصفة الثقافية للإحلال في هذه المعادلة والتي ستتلخص هنا في خواص أدوات تقنية مثل سمك وعاء فخاري.

لقد طورتْ الداروينة من قِبَلِ هالدن[1] [31]، وهي طريقة قياس أخرى لمعدل التغير التطوري إذ أن الانحرافات المعيارية standard deviations للصفات المُقاسة لا تُستخدم عادة في الأدبيات الأركيولوجية كما أن طول عمر الجيل للتطور الثقافي غير واضح، والمعدلات المتناولة بالتحليل في هذه الدراسة مطلقة وغير مستقلة [28,32].

صُنفتْ المعدلات الحيوية في مجموعات حسب: نوع الدراسة، والوحدة التصنيفية، والمجموعات الجزئية (إن وجدت)، والصفات. وصنفت المعدلات الثقافية حسب: نوع الدراسة، والتقنية، والصفة. وتم إنشاء متغيرٍ حمل اسم "الدراسة-السلاسل" "study-series" ليكون مُعرِّفًا خاصا بكل معدل مرتبط بهذه التصنيفات (أي الدراسة/الوحدة التصنيفية/المجموعة/الصفات). أُستخدم نموذج خطي مختلط[2] linear mixed model لاختبار التفاعلات المتبادلة بين نوع المعدلات (الحيوية أو الثقافية) أو بين المعدل والفترات الزمنية (أو عمر الجيل). عُوملت الفترة الزمنية باعتبارها المؤثر الثابت fixed effect ومتغير الدراسة-السلاسل باعتباره المؤثر العشوائي random effect باستخدام مصفوفة تغاير غير هيكلية[3] unstructured covariance matrix. سيعمل النموذج الخطي المختلط على تثبيت العوامل الأخرى لاختبار حقيقة أن المعدلات موزعة بشكل متفاوت بين الدراسات المختلفة.

مقارنة معدلات التغير الثقافية بمعدلات التغير الحيوية التي تم احتسابها

1. جون هالدين (1964 - 1892) Haldane: عالم وراثة هندي ولد في بريطانيا وهو من وضع وحدة الداروينة، سماها تيمنا باسم تشالز داروين.

2 هو نموذج إحصائي يحوي مؤثرات ثابتة ومؤثرات عشوائية، يُستخدم من قبل علماء الفيزياء والأحياء والاجتماع لدراسة قياسات متكررة بذات الوحدة في مدد زمنية طويلة.

3 في علم الإحصاء التغاير هو مقياس تغيرِ متغيرين عشوائيين مع بعضهما، ومصفوفة التغاير أو مصفوفة التشتت هي مصفوفة عنصرها الموجود في الصف a وفي العمود b يساوي التغاير بين العنصرين a^{th} و b^{th} من متجه عشوائي.

من كائنات حية مختلفة في مقياس زمني مطلق[1] تسمح لنا بمقارنة قدرة الثقافة البشرية والصفات الحيوية على مواكبة مؤثر مشترك مثل التغير المناخي؛ فالمنعطفات التاريخية يمكن أن تؤثر على التطور [33-35]، والصفات الثقافية أو الحيوية يمكن أن تتعرض لنطاق عريض من القوى التطورية بما في ذلك الانتخاب والانجراف المحايد[2] [8]، إن تحديد القوى التطورية الدقيقة التي تؤثر على كلٍ من الصفات الثقافية والحيوية ليس عملًا سهلًا (فصل الصفات الوظيفية عن الصفات المحايدة مثلا) [36,37]، من أجل الالتفاف على هذه المشكلة والحصول على الوتيرة النموذجية للتطور الحيوي والثقافي قارنت بين عينات كثيرة من المعدلات التي تمثل عددا كبيرا من الصفات الحيوية والثقافية والتي خضعت بلا شك لقوى تطورية ومنعطفات تاريخية مختلفة.

إن توزيعات المعدلات الحيوية والثقافية تختلف اختلافا كبيرا (عيّنتا اختبار كولموجوروف-سميرنوف[3] $Z = 7.044$؛ اختبار ثنائي الذيل[4] $P < 0.001$). المعدلات الأركيولوجية في المتوسط أسرع من المعدلات الحيوية، إذ لوحظ أن أسرع المعدلات الثقافية يزيد بمقدار الضعف عن أسرع المعدلات الحيوية (الشكل 1).

إلا أن المقارنة بين المعدلات -كما هو مبين في الشكل 1- تعتبر مسألة معقدة بسبب حقيقة أن معدلات التطور الحيوي تتناسب عكسيا مع طول الفترة الزمنية التي يقاس فيها التغير [2,8,28,38-41]. يبدو أن التطور يعمل بصورة أسرع عند مراقبته في فترات زمنية قصيرة مقارنة بالفترات الزمنية الأطول. وقد أُقترح سببان رئيسيان لهذه العلاقة الاعتمادية [28,38-40,42-45]:

---

1 المقياس الزمني المطلق هو عدد السنوات منذ ظهور الشيء، في الجيولوجيا العمر المطلق لصخرة هو عدد السنوات منذ تشكلها إلى الآن.
2 neutral drift هو قوة تطورية تعمل إلى جانب الانتخاب الطبيعي ويكون تأثيرها أكبر في المجموعات الصغيرة.
3 اختبار يقارن توزيع مجموعة إحصائية من خلال عينتين مستقلتين مأخوذتين من المجموعة ذاتها.
4 اختبار يهدف لقياس الأهمية الإحصائية لمعامل من مجموعة القيم.

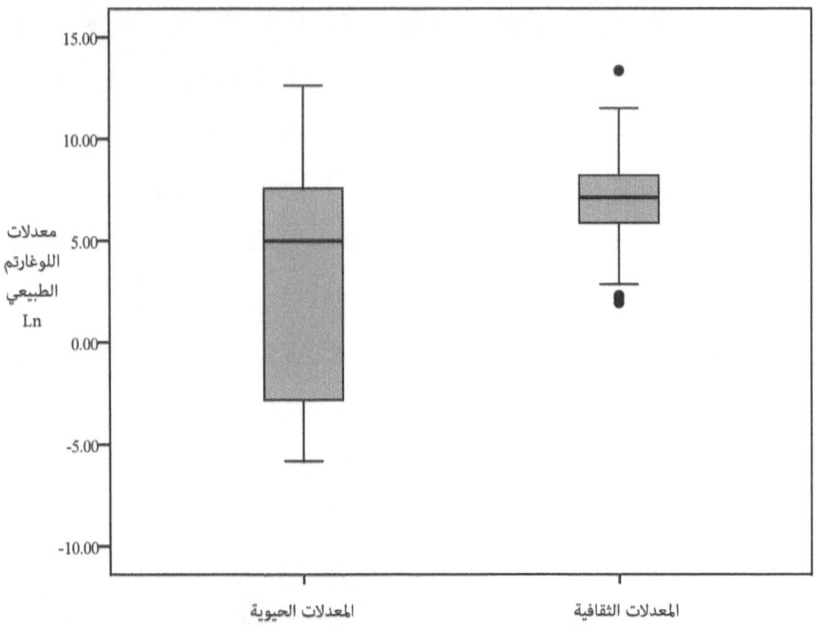

الشكل 1. مخطط صندوقي لتوزيع القيم المطلقة للمعدلات في مقياس اللوغارتم الطبيعي. يمتلك توزيع المعدلات الحيوية (503 معدلا) متوسطا مقداره 457d وانحرافا معياريا مقداره 3,187±14، ومدى مقداره 298 -0.003, 103.5d بينما يمتلك توزيع المعدلات الثقافية (573 معدلا) متوسطا مقداره 27± 4708, 069d ومدى يساوي614- 7, 969d.

أولا: بزيادة الفترة الزمنية المرصودة يكون إجمالي المعدل قد دخل في حساب متوسطه عدة معدلات انتكاسية وتطورات نكوصية. وهذا التأثير مدفوعٌ جزئيا بحقيقة أن المستوى التصنيفي للبيانات يزداد أكثر مع ازدياد الفترة الزمنية المرصودة. وهو أمر صحيح بالنسبة لكلا التطورين الحيوي والثقافي. إن مستوى الوحدات التصنيفية يؤثر في معدلات التطور لأن التغير التطوري الذي يحدث تحت المستوى التصنيفي (تحت مستوى العائلة مثلا) يتم تجاهله.

ثانيا: توجد الفترة الزمنية (Δt) في المقام، وبالتالي تكون المعدلات متناسبة تناسبا طرديا مع (Δt / 1). إلا أنه وبسبب القيود الوظيفية[1] وتأثير الانتخاب

---

1 القيود الحيوية هي العوامل التي تقود المجموعة إلى مقاومة التغير التطوري، والقيود الوظيفية

الجدول 2. المعاملات التقديرية للتأثيرات الثابتة والتغاير للنموذج الخطي المختلط للتفاعلات بين المعدل ونوع المعدل (ثقافي أو حيوي) والفترة الزمنية.

المعامل	التقديرات ± ن.م.هـ
نوع المعدل	-3.088±0.455 (P<0.001)
Ln (الفترة الزمنية)	-0.599±0.1 (P<0.001)
النوع * Ln (الفترة الزمنية)	-0.194±0.045 (P<0.001)
التقاطع	1.71±0.45 (P<0.001)
المتبقي	0.916±0.051
تباين التقاطع العشوائي	0.952±0.121

المعدلات الثقافية= صفر؛ المعدلات الحيوية= ١؛
نُفِّذ الاختبار على قيم اللوغارتم الطبيعي للمعدلات والفترات الزمنية.
عدد المعدلات الحيوية = ٥٠٣، عدد المعدلات الثقافية = ٥٧٣

المثبت[1] يندر أن تتغير الأشكال الحيوانية في تناسب مع (Δt) حيث أنها تصل إلى ثبات تطوري. بالمقابل فإن (Δt) غير محدودة وحرة التغير.

من الضروري أن يتم تثبيت المتغيرات الأخرى لدراسة العلاقة العكسية بين معدلات التغير و (Δt) وذلك من أجل مقارنة مجاميع المعدلات ببعضها بغض النظر عن الآليات التي تقود العملية التطورية. وتم انجاز ذلك من خلال رسم المعدلات بيانيا في صيغة لوغارتم طبيعي (ln-rate) في مقابل اللوغارتم الطبيعي للفترات الزمنية (ln-time interval) واستخدام النموذج الخطي الذي يوضح جيدا العلاقة لمقارنة مجموعات المعدلات في ذات المقياس الزمني [44].

functional constraints نوع من القيود الحيوية ترتبط بوظيفة الصفة مثل تأثير الجاذبية على كثافة العظام في ارتباطها بحجم الحيوان.

1 الانتخاب المثبت stabilizing selection أو الانتخاب السالب نوع من الانتخاب الطبيعي ينخفض فيه التنوع الجيني وتتجه فيه المجموعه اتجاه تثبيت صفة معينة.

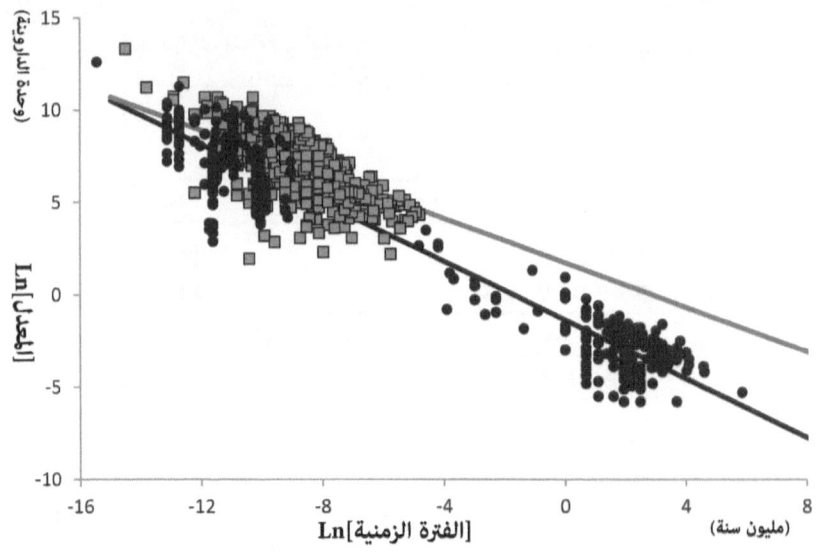

الشكل 2. يوضح المعدلات الحيوية والمعدلات الثقافية في مقابل الفترات الزمنية التي يقاس فيها كل معدل. تتناسب المعدلات الحيوية (الدوائر السوداء) والمعدلات الثقافية (المربعات الرمادية) عكسيا مع الفترة الزمنية التي يقاس فيها المعدل، الخطوط تمثل النموذج الخطي المختلط للتفاعلات التي تناسب التوزيعات الحيوية (الخط الأسود) والثقافية (الخط الرمادي) (الجدول ٢).

النتائج

يُظهر النموذج الخطي المختلط أن المعدلات الثقافية تتناسب عكسيا مع الفترة الزمنية المرصودة (الشكل 2، الجدول 2). كلما ذهبنا بالدراسة إلى مناطق أبعد في تاريخنا تؤدي عمليات التقبر[1] إلى زيادة طول المدة الزمنية المقاسة [46]. ولذلك تتناسب المعدلات الثقافية عكسيا مع عمرها المطلق (الشكل 3، الجدول 3). هذه العلاقة يمكن أن تفسر بقوةٍ سمةً من أكثر سمات السجل الأركيولوجي خفاء وهي: إن وتيرة تغير الأدوات الثقافية البشرية تبدو أسرع في الفترة الحديثة منها في الفترات التاريخية الأقدم.

يظل الفرق بين المعدلات الثقافية والمعدلات الحيوية كبيرا حتى عندما

---

1 عمليات التقبر taphonomic process العمليات التي تؤدي إلى دفن أو تحجر الكائن أو الأثر.

الجدول 3. المعاملات التقديرية للتأثيرات الثابتة والتغاير للنموذج الخطي المختلط الذي يصف العلاقة بين معدلات التغير الثقافي كدالة للعمر بالسنوات (قبل الآن).

التقديرات ± ن.م.ه	المعامل
-0.2527±0.1 (P<0.021)	Ln (السنوات قبل الآن)
8.76±0.1 (P<0.021)	التقاطع
1.19±0.072	المتبقي
1.03±0.298	تباين التقاطع العشوائي

نُفِّذ الاختبار على قيم اللوغارتم الطبيعي للمعدلات والعمر.
عدد المعدلات الحيوية = ٥٠٣، عدد المعدلات الثقافية = ٥٧٣

تتم السيطرة على تأثير الفترات الزمنية المقاسة (الجدول 2). يمكننا استخدام النموذج الخطي المختلط الذي يصف جميع أنواع المعدلات ويقارن بينها في المقياس الزمني ذاته؛ تتقارب النماذج في مقياس زمني يساوي تقريبا شهرا واحدا (مثلا $\Delta t = (1.26 \times 10^{-7})/10^6$ years) عند النقطة التي يكون فيها معدل التغير المتمايز لكلا التغيرين الحيوي والثقافي يساوي تقريبا 76,104 داروينة، وهذا يتقاطع مع النسبة بين القيمة الابتدائية والنهائية للصفة الخاضعة للتطور (x_2/x_1) والتي تساوي 1.01. بعبارة أخرى، في هذا المقياس الزمني (شهر) تُظهِر الصفات الثقافية والحيوية معا -في المتوسط- تغيرا في قيمهما بما مقداره 1% تقريبا. في فترة زمنية مقدارها سنة تتغير الأشكال الحيوانية بمعدل نموذجي هو 14,707 داروينة ($x_2/x_1 = 1.014$) مقارنة بـ 21,989 داروينة ($x_2/x_1 = 1.022$) للتقنيات الأركيولوجية. من الواضح تمامًا في هذه المدة الزمنية (سنة) أن التغير الثقافي أسرع من التغير الحيوي. وفي فترة زمنية أكبر مثل 1000 سنة -وهي فترة كافية لحدوث التقلبات المناخية

[52-41,47]- يصبح الاختلاف أوضح بكثير حيث تُظهر الأشكال الحيوية وتيرة تغير بمقدار 60.85 داروينة ($x_2/x_1 = 1.062$) مقارنة بـ 348.505 داروينة ($x_2/$ $x_1 = 1.4169$) للتقنية. وهكذا فإن التطور الثقافي أسرع من التطور الحيوي

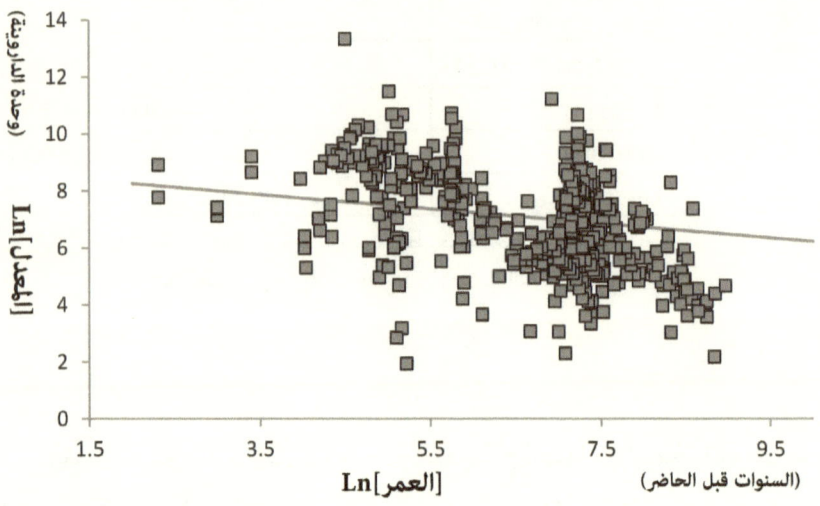

الشكل 3. تتناسب معدلات التطور الثقافي عكسيا مع عمرها. عمر المعدل في مقابل نقطة منتصف الفترة الزمنية التي يقاس خلالها محسوبة بالسنوات (قبل الآن)، الخط يمثل النموذج المختلط لتفاعلات المعدلات مع العمر (الجدول 3)

عندما تتم السيطرة على تأثير الفترة الزمنية المرصودة، وهذا يرجع إلى حقيقة أنه في أي فترة زمنية معطاة تكون القيمة المميزة للتغيرات المتراكمة ($x_2 - x_1$) أكبر في الثقافة منها في الأبنية الحيوية، وهذا يشير إلى أن التغير الثقافي، مثل التغير الحيوي، هو عملية تضاعفية؛ حيث مقدار التغير في الصفة يزداد كلما أصبحت الصفة أكبر.

إلا أن الأكثر إثارة للدهشة هو حقيقة أن حجم التغيرات الثقافية المتراكمة

ينمو بوتيرة متسارعة مع الوقت أكبر بكثير من حجم التغيرات الحيوية المتراكمة. يوضح الشكل 2 أن الفرق بين معدلات التطور الثقافي والتطور الحيوي قد تبدو صغيرة أو حتى غير موجودة على مدى زمني قصير، إلا أن اعطاء مدة كافية

الجدول 4. المعاملات التقديرية للتأثيرات الثابتة والتغاير للنموذج الخطي المختلط للتفاعلات بين المعدل ونوع المعدل (ثقافي أو حيوي) والفترة الزمنية.

المعامل	التقديرات ± ن.م.هـ
نوع المعدل	-3.98±1.14 (P=0.001)
Ln (الفترة الزمنية)	-0.6±0.04 (P<0.001)
النوع * Ln (الفترة الزمنية)	-0.28±0.1 (P<0.008)
التقاطع	1.7±0.46 (P<0.001)
المتبقي	0.928±0.054
تباين التقاطع العشوائي	1.29±0.187

المعدلات الثقافية= صفر؛ المعدلات الحيوية= 1؛
نُفّذ الاختبار على قيم اللوغارتم الطبيعي للمعدلات والفترات الزمنية. واستبعدت المعدلات المحتسبة من السجل الأحفوري.
عدد المعدلات الحيوية = 283، عدد المعدلات الثقافية = 573

سيؤدي بالتطور الثقافي إلى تغيرات «مورفولوجية» تتسارع بصورة أكبر من التطور الحيوي موفرة قدرة أكبر على التعامل مع التحديات الانتخابية. هذا الأمر ليس نتيجة للتوزيع ثنائي النموذج للفترات الزمنية الخاصة بالمعدلات الحيوية، فإزالة المعدلات المتحصل عليها من السجلات الأحفورية من التحليل -وهي التي تولّد سحابة المعدلات الحيوية التي تظهر في أقصى اليمين في الشكل2 - سيؤدي إلى زيادة المسافة بين المعدلات الحيوية والمعدلات الثقافية بالإضافة إلى المعدل الذي يزداد به هذا الفرق مع زيادة طول الفترة الزمنية (الجدول 4).

الجدول 5. تثبيت العوامل الأخرى لاختبار تأثير طول عمر الجيل

التقديرات ± ن.م.ه	المعامل
-3.91±0.02 (P=0.01)	نوع المعدل
-0.599±0.05 (P<0.001)	Ln (الفترة الزمنية)
-0.26±0.15 (P<0.001)	النوع * Ln (الفترة الزمنية)
-9.12±0.55 (P<0.001)	التقاطع
0.927±0.05	المتبقي
3.88±0.43	تباين التقاطع العشوائي

المعدلات الثقافية= صفر؛ المعدلات الحيوية=1؛ المعاملات التقديرية للتأثيرات الثابتة والتغاير للنموذج الخطي المختلط للتفاعلات بين المعدل ونوع المعدل (ثقافي أو حيوي) والفترة الزمنية. ثبّت التحليل العوامل الأخرى لاختبار تأثير طول عمر الجيل عبر حساب المعدلات باعتبارها مقدارًا من التغير في كل جيل (المعدلات الثقافية احتسبت باعتبار عمر الجيل يساوي 20 سنة). نُفِّذ الاختبار على قيم اللوغارتم الطبيعي للمعدلات والفترات الزمنية. واستبعدت المعدلات المحتسبة من السجل الأحفوري. عدد المعدلات الحيوية = 283، عدد المعدلات الثقافية = 573

إن الاستنتاج الذي يقول أن التقنية يمكن أن تتغير في الفترات الزمنية القصيرة أسرع من تغير الأشكال الحيوانية -حتى وإن لم تكن هذه السرعة قابلة للملاحظة- قد يكون كافيا لجعل الثقافة ذات طبيعة تكيفية، إن أقصر فترة زمنية يمكن فيها مراقبة التطور الحيوي تعتمد على عمر الجيل في النوع المدروس، فعلى سبيل المثال تأتي المعدلات الحيوية المحتسبة خلال فترة زمنية شديدة القصر من أنواع لا يتجاوز متوسط أعمارها الأشهر كما يوضحها الشكل 2. وقد رُصدت عدة معدلات ثقافية خلال مُدد زمنية قصيرة شبيهة رغم أن عمر الجيل في نوعنا هو حوالي 20 سنة. هناك طريقة أخرى للنظر إلى معدلات التغير وهو اعتبارها تغيرًا يحدث مع كل جيل بدل أن تكون تغيرًا يحدث خلال

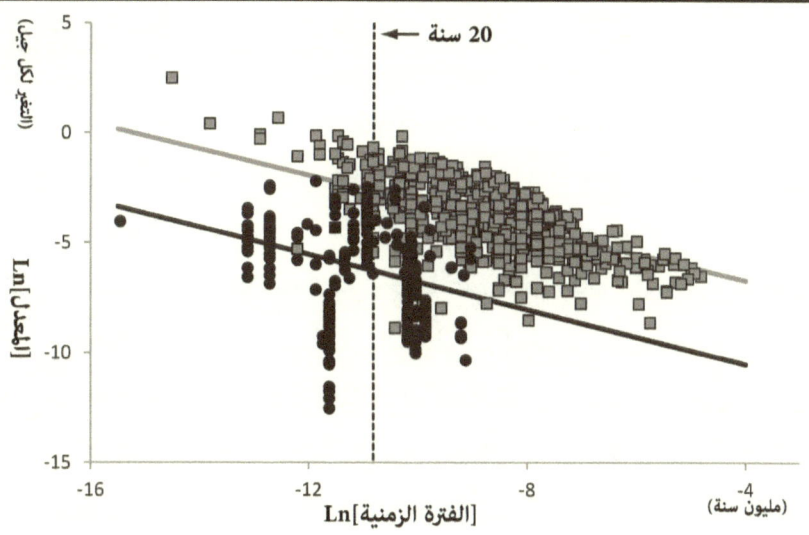

الشكل 4. يوضح المعدلات الحيوية والمعدلات الثقافية باعتبار التغير لكل جيل. تتناسب المعدلات الحيوية (الدوائر السوداء) والمعدلات الثقافية (المربعات الرمادية) باعتبار التغير لكل جيل عكسيا مع الفترة الزمنية التي يقاس فيها المعدل، الخطوط تمثل النموذج الخطي المختلط للتفاعلات التي تناسب التوزيعات الحيوية (الخط الأسود) والثقافية (الخط الرمادي) (الجدول 5). أثر التحول من احتساب المعدلات خلال العمر المطلق إلى احتسابها باعتبار الأجيال في المعدلات الحيوية للأنواع قصيرة العمر خصوصا، ويرتفع الفرق بين معدل التغير لكل مليون سنة ومعدل التغير لكل جيل كلما ارتفع عمر الجيل وذلك لأي مقدار من التغير الظاهري مرصودا في أي فترة زمنية، وهذا يفسر لماذا هو الفرق بين ميلي النموذج الخطي أصغر ـرغم مقداره الواضح (الجدول ٥)- من فرق الميل الموجود في الشكل ٢.

ملايين السنين، من أجل فعل ذلك افترضت أن عمر الجيل عند الإنسان هو 20 سنة لإدخاله في حساب معدل التغير الثقافي. وتم استبعاد المعدلات الحيوية المحتسبة من السجل الأحفوري لعدم وجود تقدير جيد لعمر الجيل فيها. وأظهر هذا التحليل أن وتيرة التغير الثقافي للجيل أسرع من معدل التطور الحيوي في جميع الفترات الزمنية المستخدمة (الشكل 4، الجدول 5) بما في ذلك الفترات الزمنية المساوية أو الأقصر من طول عمر الجيل عند البشر.

المناقشة

كان هدفي من هذه الدراسة هو اختبار فرضية أن وتيرة التطور الثقافي أسرع من وتيرة التطور الحيوي. ووجدت التالي: (1) إن معدلات التغير الثقافي على غرار المعدلات الحيوية تتناسب عكسيا مع طول الفترة الزمنية المرصودة. (2) إن هذه العلاقة العكسية تفسِر -جزئيا على الأقل- لماذا تكون سرعة التغير أكبر في الفترات الزمنية الأحدث من السجل الأركيولوجي (3) إنه عند تثبيت العوامل الأخرى لاختبار هذه العلاقة العكسية تكون معدلات التطور الثقافي أسرع بكثير من معدلات التطور الحيوي (4) إن حجم التغير الثقافي المتراكم ينمو بمعدل متسارع أكبر مع الزمن من حجم التغير الحيوي المتراكم، وهذا قد يعني أن بعض الفوائد التكيفية الناتجة عن انتقال الثقافة لا تُجنى خلال فترة قصيرة بل بالأحرى خلال فترات زمنية أطول. وحقيقة أن المعدلات الحيوية تتناقص بسرعة أكبر مع طول الفترة الزمنية يمكن أن تكون جزئيا بسبب لدونة نمط الأفراد الظاهري. إن لدونة النمط الظاهري قابلة للمقارنة بالتطور الثقافي[1] وتسمح للكائنات الحية بالتغير خلال فترات زمنية قصيرة، حيث أنه من المحتمل أن تعكس بعض المعدلات الحيوية المحتسبة خلال فترة زمنية قصيرة تغيرا مرده النمط الظاهري لكن التغيرات الحاصلة خلال فترات زمنية أطول ترجع على الأغلب إلى تغير جيني، (5) إن مقدار التغير الثقافي المرصود باعتبار الجيل (20 عاما) أسرع بكثير مما كنا نتوقعه من التطور الحيوي لأنواع لها نفس طول عمر الجيل.

هذا الاستنتاج يؤكد حقيقة أن الثقافة تمكننا من التطور خلال مدة زمنية متاحة فقط للأنواع قصيرة العمر وفي الوقت ذاته تسمح لنا بالتمتع بفوائد امتلاكنا لحياة تاريخية طويلة[2] long life history مثل دماغ أكبر وفترة طفولة

1 وذلك بسبب ارتباط النمط الظاهري بالبيئة أكثر من ارتباطه الجينات.

2 يشير إلى نظرية تاريخ الحياة (Life history theory) وهي نظرية في الأحياء التطوية تحاول شرح

أطول ودورة حياة مديدة.

ومع ذلك فإن السجل الأركيولوجي على الأغلب يبخس معدلات التغير الثقافي في الفترات الزمنية القصيرة قدرها مقارنة بالسجل الأحفوري. يجب أن تحتسب المعدلات التطورية باستخدام مجموعات مرتبطة عرقيا (-phyloge netically-linked). فالتغيرات الكبيرة والسريعة يمكن أن تحجب علاقات القرابة العرقية وتؤدي إلى عدم الانتباه للتغيرات الأسرع في البيانات المدروسة [28]. إن الأنواع المتحجرة أقدر على الاحتفاظ بسمات متناددة (متماثلة) أكثر خلال الفترات الزمنية الأطول مقارنة بالتقنيات المنقولة ثقافيا، وهذا قد يسمح للأحافير بأن تخضع للمقارنة بغض النظر عن التطور السريع للصفات الأخرى، والاحتفاظ بالصفات المتناددة يسمح أيضا للأحافير بأن تقارن من مناطق جغرافية أوسع مما يزيد من احتمالية أنها قد تعرضت لضغط تباعد انتخابي (divergent selective pressure) وبالتالي تمايز مورفولوجي أكبر. بالمقابل غالبا ما يكون من المستحيل التمييز بين التطور الثقافي السريع في السجل الأركيولوجي والإحلال السكاني. وبسبب هذا الغموض، فإن المعدلات الثقافية التي تم تحليلها في هذه الدراسة تعود للمجموعات التي بقيت في المكان ذاته باستخدام التقارب المكاني كمقياس (spatial propinquity) للاستمرارية التاريخية. ولذلك فإن حالات التطور الثقافي السريع خلال فترات زمنية قصيرة يغلب أنها لم تُمثَّل جيدًا في هذه العينات.

أخيرا، فإن الافتراض المسكوت عنه في هذه الدراسة هو أن وتيرة التغير التقني تمثل التطور الثقافي بشكل عام، كما أن وتيرة التغير المورفولوجي يمثل التطور الحيوي، وهو ما يجعل الأمرين قابلين للمقارنة. ومع ذلك، فإنه من غير الواضح إلى أي حد يمكن تعميم هذه النتائج على مجالات أخرى في الثقافات الإنسانية مثل الأعراف أو المؤسسات الاجتماعية أو الأبنية السياسية. ومن غير

شكل الكائن الحي وسلوكه عبر ربطه بدورة حياته.

الواضح إن كان يمكن مقارنتها بمعدلات التغير المعروفة عن اللغة [53-55] وأداء تقنيات المعلومات الحديثة [56]. وفي حين لا تزال العديد من الأسئلة حول وتيرة التطور الثقافي مطروحة للبحث توضح الدراسة المقدمة هنا فائدة المنظور الأركيولوجي لأنماط التطور التطور الثقافي.

شكر وتقدير

أشكر ب. جيفري برانتنجنهام، وروبرت بويد، وبيتر ج. ريتشرسون، وسارة ماثيو، والمراجعين المجهول على الملاحظات المفيدة ونقد الإصدارات المختلفة من هذه الورقة.

مساهمات المؤلف

تصوّر وتصميم التجارب، إجراء التجارب، تحليل البيانات، المساهمة بالكواشف / المواد / أدوات تحليل، كتابة الورقة.

المراجع

1. Vitousek PM (1997) Human domination of earth's ecosystems. Science 277: 494–499. doi: 10.1126/science.277.5325.494

2. Henrich J, McElreath R (2003) The evolution of cultural evolution. Evol Anthropol 12: 123–135. doi: 10.1002/evan.10110

3. Richerson PJ, Boyd R (2005) Not by Genes Alone: How Culture Tranformed Human Evolution. Chicago: University of Chicago Press.

4. Richerson PJ, Boyd R, Henrich J (2010) Gene-culture coevolution in the age of genomics. Proc Natl Acad Sci USA 107: 8985–8992. doi: 10.1073/pnas.0914631107

5. Boyd R, Richerson PJ (1985) Culture and the Evolutionary Process. London: University of Chicago Press.

6. Boyd R, Richerson PJ (1995) Why does culture increase human adaptability? Ethol Sociobiol 16: 125–143. doi: 10.1016/0162-3095(94)00073-g

7. Cavalli-Sforza LL, Feldman MV (1981) Cultural Transmission and Evolution: A Quantitative Approach. Princeton: Princeton University Press.

8. Rogers DS, Ehrlich PR (2008) Natural selection and cultural rates of change. Proc Natl Acad Sci USA 105: 3416–3420. doi: 10.1073/pnas.0711802105

9. Boyd R, Richerson PJ (1996) Why culture is common, but cultural evolution is rare. In: Runciman WG, J MS, Dunbar RIM, editors. Proceedings of the British Academy of Science. Oxford, UK: Oxford University Press. 77–93.

10. Dean LG, Kendal RL, Schapiro SJ, Thierry B, Laland KN (2012) Identification of the Social and Cognitive Processes Underlying Human Cumulative Culture. Science 335: 1114–1118. doi: 10.1126/science.1213969

11. Mesoudi A (2011) Variable Cultural Acquisition Costs Constrain Cumulative Cultural Evolution. PLoS ONE 6: e18239. doi: 10.1371/journal.pone.0018239

12. Tennie C, Call J, Tomasello M (2009) Ratcheting up the ratchet: on the evolution of cumulative culture. Philos Trans R Soc Lond B Biol Sci 364: 2405–2415. doi: 10.1098/rstb.2009.0052

13. Tomasello M, Kruger AC, Ratner HH (1993) Cultural learning. Behav Brain Sci 16: 495–511. doi: 10.1017/s0140525x0003123x

14. Rogers EM (1995) Diffusion of Innovations. New York: Free Press.

15. Shennan S (2002) Genes, Memes and Human History. London: Thames and Hudson.

16. Mesoudi A (2011) Cultural Evolution. Chicago: University of Chicago Press. 280 p.

17. Booner JT (1989) The Evolution of Culture in Animal. Princeton, New Jersey:

Princeton University Press.

18. Elston RG, Brantingham PJ (2002) Microlithic technology in Northeast Asia: A risk minimizing strategy of the Late Paleolithic and Early Holocene. In: Elston R, G, Kuhn SL, editors. Thinking Small: Global Perspectives on Microlithization: Archaeological Papers of the American Anthropological Association. 103–116.

19. Gerry M (2000) Stasis in complex artefacts. In: Ziman J, editor. Technological Innovation as an Evolutionary Process. Cambride: Cambridge University Press. 90–100.

20. Kapp L, Kapp H, Yoshihara Y (1987) The Craft of the Japanese Sword. New York: Kodansha International. 177 p.

21. Grant PR (1986) Ecology and Evolution of Darwin's Finches. Princeton, New Jersey: Princeton University Press.

22. Boehm C, Barclay HB, Dentan RK, Dupre M-C, Hill JD, et al. (1993) Egalitarian Behavior and Reverse Dominance Hierarchy. Curr Anthropol 34: 227–254. doi: 10.1086/204166

23. Mathew S, Boyd R (2011) Punishment sustains large-scale cooperation in prestate warfare. Proc Natl Acad Sci USA.

24. Fehr E, Gachter S (2002) Altruistic punishment in humans. Nature 415: 137–140. doi: 10.1038/415137a

25. Henrich J, McElreath R, Barr A, Ensminger J, Barrett C, et al. (2006) Costly Punishment Across Human Societies. Science 312: 1767–1770. doi: 10.1126/science.1127333

26. McElreath R, Boyd R, Richerson P (2003) J (2003) Shared norms and the evolution of ethnic markers. Curr Anthropol 44: 122–129. doi: 10.1086/345689

27. Henrich J, Boyd R (1998) The evolution of conformist transmission and the emergence of between-group differences. Evol Hum Behav 19: 215–241. doi: 10.1016/s1090-5138(98)00018-x

28. Gingerich PD (1983) Rates of evolution: effects of time and temporal scaling. Science 222: 159–161. doi: 10.1126/science.222.4620.159

29. Hendry AP, Farrugia TJ, Kinnison MT (2008) Human influences on rates of phenotypic change in wild animal populations. Mol Ecol 17: 20–29. doi: 10.1111/j.1365-294x.2007.03428.x

30. O'Brien MJ, Lyman RL (2000) Applying Evolutionary Archaeology: A Systematic Approach. New York: Kluwer Academic/Plenum Publisher.

31. Gingerich PD (1993) Quantification and comparison of evolutionary rates. Am J Sci 293: 453–478. doi: 10.2475/ajs.293.a.453

32. Gingerich PD (1987) Evolution and the fossil record: patterns, rates, and processes.

Can J Zool 65: 1053–1060. doi: 10.1139/z87-169

33. Cadle JE, Greene HW (Phylogenetic patterns, biogeography, and the ecological structure of Neotropical snake assemblages) 1993. In: Ricklefs RE, Schluter D, editors. Species diversity in ecological communities: historical and geographic perspectives. Chicago: Chicago University Press. 281–293.

34. Travisano M, Mongold JA, Bennett AF, Lenski RE (1995) Experimental Tests of the Roles of Adaptation, Chance, and History in Evolution. Science 267: 87–90. doi: 10.1126/science.7809610

35. Gould SJ (1989) Wonderful life: the Burgess Shale and the nature of history. New York: Norton.

36. Brantingham PJ, Perreault C (2010) Detecting the effects of selection and stochastic forces in archaeological assemblages. J Archaeol Sci 37: 3211–3225. doi: 10.1016/j.jas.2010.07.021

37. Steele J, Glatz C, Kandler A (2011) Ceramic diversity, random copying, and tests for selectivity in ceramic production J Archaeol Sci. 37: 1348–1358. doi: 10.1016/j.jas.2009.12.039

38. Gingerich PD (2001) Rates of evolution on the time scale of the evolutionary process. In: Hendry P, Kinnison MT, editors. Contemporary Microevolution: Rate, Pattern, and Process. Dordrecht: Kluwer Academic Publishers. 127–144.

39. Bookstein FL (1987) Random walk and the existence of evolutionary rates. Paleobiology 13: 446–464.

40. Sheets HD, Mitchell CE (2001) Uncorrelated change produces the apparent dependence of evolutionary rate on interval. Paleobiology 27: 429–445. doi: 10.1666/0094-8373(2001)027<0429:ucptad>2.0.co;2

41. Greenland Ice-core Project M (1993) Climate instability during the last interglacial period recorded in the GRIP ice core. Nature 364: 203–207. doi: 10.1038/364203a0

42. Gould SJ, Gingerich PD (1984) Smooth curve of evolutionary rate: A psychological and mathematical artifact. Science 226: 994–996. doi: 10.1126/science.6505682

43. Hendry AP, Kinnison MT (1999) Perspective: The pace of modern life: Measuring rates of contemporary microevolution. Evolution 53: 1637–1653. doi: 10.2307/2640428

44. Kinnison MT, Hendry AP (2001) The pace of modern life II: from rates of contemporary microevolution to pattern and process. Genetica 112–113: 145–164. doi: 10.1007/978-94-010-0585-2_10

45. Roopnarine PD (2003) Analysis of rates of morphologic evolution. Annu Rev Ecol Evol Syst 34: 605–632. doi: 10.1146/annurev.ecolsys.34.011802.132407

46. Surovell TA, Byrd Finley J, Smith GM, Brantingham PJ, Kelly R (2009) Correcting temporal frequency distributions for taphonomic bias. J Archaeol Sci 36: 1715–1724. doi: 10.1016/j.jas.2009.03.029

47. Bond G, Showers W, Cheseby M, Lotti R, Almasi P, et al. (1997) A pervasive millennial-scale cycle in North Atlantic holocene and glacial climates. Science 278: 1257–1266. doi: 10.1126/science.278.5341.1257

48. McManus JF, Oppo DW, Cullen JL (1999) A 0.5-million-year record of millennial-scale climate variability in the North Atlantic. Science 283: 971–975. doi: 10.1126/science.283.5404.971

49. Clarke G, Leverington D, Teller J, Dyke A (2003) Superlakes, megafloods, and abrupt climate change. Science 301: 922–923. doi: 10.1126/science.1085921

50. Ditlevsen PD, Svensmark H (1996) Contrasting atmospheric and climate dynamics on the last-glacial and Holocene periods. Nature 379: 810–812. doi: 10.1038/379810a0

51. Steffensen JP, Andersen KK, Bigler M, Clausen HB, Dahl-Jensen D, et al. (2008) High-resolution Greenland ice core data show abrupt climate change happens in few years. Science 321: 680–684. doi: 10.1126/science.1157707

52. Wang Y, Cheng H, Edwards RL, Kong X, Shao X, et al. (2008) Millennial- and orbital-scale changes in the East Asian monsoon over the past 224,000 years. Nature 451: 1090–1093. doi: 10.1038/nature06692

53. Pagel M, Atkinson QD, Meade A (2007) Frequency of word-use predicts rates of lexical evolution throughout Indo-European history. Nature 449: 717–720. doi: 10.1038/nature06176

54. Nettle D (1999) Is the rate of linguistic change constant? Lingua 108: 119–136. doi: 10.1016/s0024-3841(98)00047-3

55. Greenhill SJ, Atkinson QD, Meade A, Gray RD (2010) The shape and tempo of language evolution. Proceedings of the Royal Society B: Biological Sciences 277: 2443–2450. doi: 10.1098/rspb.2010.0051

56. Richerson PJ, Bettinger RL, Boyd R (1998) Comment on Lyman R.L., O'Brien M. J. The goals of evolutionary archaeology. Curr Anthropol 39: 638–639.

57. Shott MJ (1996) Innovation and selection in prehistory. In: Odell G, H., editor. Theoretical Insights Into Human Prehistory. New York: Plenum Press. 279–309.

58. Hard R, Mauldin R, Raymond G (1996) Mano size, stable carbon isotope ratios, and macrobotanical remains as multiple lines of evidence of maize dependence in the American southwest. Journal of Archaeological Method and Theory 3: 253–318. doi: 10.1007/bf02229401

59. Wilshusen RH (1989) Architecture as artifact - Part II: A comment on Gilman. Am Antiq 54: 826–833. doi: 10.2307/280688

60. Little B (1992) J (1992) Explicit and implicit meanings in material culture and print culture. Historical Archaeology 26: 85–94.

61. Monroe JC, Mallios S, Quinn E (2004) A dating formula for Colono Tobacco pipes in the Chesapeake. The Journal of the Jamestown Rediscovery Center 2.

62. Stiger M (2001) Hunter-Gatherer Archaeology of the Colorado High Country. Boulder: University Press of Colorado.

63. Torrence R (1993) Ethnoarchaeology, Museum Collections and Prehistoric Exchange: Obsidian-Tipped Artifacts from the Admiralty Islands. World Archaeology 24: 467–481. doi: 10.1080/00438243.1993.9980220

64. Kenyon I (1980) T (1980) The George Davidson Site: An archaic 'Broad Point' component in Southwestern Ontario. Archaeology of Eastern North America 8: 11–28.

65. Barker G (1985) Prehistoric Farming in Europe. Cambridge: Cambridge University Press.

66. Pyszczyk H (1999) W (1999) Historic period metal projectile points and arrows, Alberta, Canada: A theory for aboriginal arrow desing on the Great Plains. Plains Anthropologists 44: 163–187.

67. Ahler S, A., Drybred A (1993) Analysis of euroamerican trade artifacts. In: Thiessen T, D., editor. The Phase I Archaeological Research Program For the Knife River Indian Villages National Historic Site, Part II: Analysis of the Physical Remains. Lincoln, Nebraska: United States Department of the Interior National Park Service Midwest Archaeological Center. 289–340.

68. Warrick G (2000) The Precontact Iroquoian occupation of Southern Ontario. Journal of World Prehistory 14: 415–466.

69. Shott M, J. (1990) Lithic Analysis. In: O'Shea J, M, Shott M, editors. The Bridgeport Township Site. Ann Arbor: Museum of Anthropology, University of Michigan. 59–107.

70. Hoard RJ, Anglen A, A., Bozell J, R., Montague-Judd D, Miksa E, J., et al. (2003) The Late Woodland component of the Stauffer site, 23C0499. Plains Anthropologists 48: iv-vi, 1–106.

71. Hoard RJ (1992) Technical Dimensions of Woodland-Period Cooking Vessels From Missouri [Ph.D. thesis]. Columbia: University of Missouri.

72. O'Brien M, Wood WR (1998) The Prehistory of Missouri. Columbia: University of Missouri Press.

73. Fitzgerald W, R. (1982) Lest the beaver run loose: The early 17th century Chris-

tianson site and Trends in historic Neutral Archaeology. National Museum of Man Mercury Series 111.

74. Deetz J (1967) Invitation to Archaeology. Garden City, New York: The Natural History Press.

75. Hart JP, Brumbach HJ (2009) On pottery change and northern Iroquoian origins: An assessment from the Finger Lakes region of central New York. Journal of Anthropological Archaeology 28: 367–381. doi: 10.1016/j.jaa.2009.07.001

76. Dodd CF (1984) Ontario Iroquois Tradition Longhouses. National Museum of Man Mercury Series 124: 181–438.

77. Roenke K, G. (1978) Flat Glass: Its Use as a Dating Tool For Nineteenth Century Archaeological Sites in the Pacific Northwest and Elsewhere. Moscow, Idaho: Northwest Anthropological Reasearch Notes.

78. Bonne III J (1984) L (1984) Majolica Escudillas of the 15th and 16th centuries: A typological analysis of 55 examples from Qsar es-Seghir. Historical Archaeology 18: 76–86.

79. Foster T (1969) Metal projectile points. Saskatchewan Archaeology Newsletter: 6–11.

80. Hughes S (1998) S (1998) Getting to the point: evolutionary change in prehistoric weaponry. Journal of Archaeological Method and Theory 5: 345–403. doi: 10.1007/bf02428421

81. Diehl M (1997) W (1997) Changes in architecture and land use strategies in the American Southwest: Upland Mogollon pithouse dwellers, A.C. 200–1000. Journal of Field Archaeology 24: 179–194. doi: 10.1179/009346997792208212

82. Betts C (2006) M (2006) Pots and pox: The identification of protohistoric epidemics in the Upper Mississippi valley. American Antiquity 71: 233–259. doi: 10.2307/40035904

طريقة مبتكرة لتحليل النقل الاجتماعي في المجاميع المتسلسلة زمنيا مع تطبيق على التوراث الثقافي في فن الطهي

ســفن اساكســون

ألكســندر فونــك

آيـــدة إنفـــول

ماجنــوس أنكســت

باتريــك ليندينفورس

طريقة مبتكرة لتحليل النقل الاجتماعي في المجاميع المتسلسلة زمنيا مع تطبيق على التوراث الثقافي في فن الطهي

سفن اساكسون[1,2]، ألكسندر فونك[1,3]، آيدا إنفول[1]، ماجنوس إنكست[1]، باتريك ليندينفورس[1,4]*

[1]مركز دراسة التطور الثقافي، جامعة ستوكهولم، ستوكهولم، السويد، [2]مختبر البحوث الأركيولوجية، جامعة ستوكهولم، ستوكهولم، السويد، [3] أقسام الفلسفة والسياسة والاقتصاد، جامعة بنسلفانيا، فيلادلفيا، بنسلفانيا، الولايات المتحدة الأمريكية، [4]قسم علم الحيوان، جامعة ستوكهولم، ستوكهولم، السويد

patrik.lindenfors@zoologi.su.se *

المصدر: Isaksson S, Funcke A, Envall I, Enquist M, Lindenfors P (2015) A Novel Method to Analyze Social Transmission in Chronologically Sequenced Assemblages, Implemented on Cultural Inheritance of the Art of Cooking. PLoS ONE 10(5): e0122092. doi:10.1371/journal.pone.0122092

حيثيات إعداد الدراسة كما وردت في المصدر الأصلي:

المحرر الأكاديمي: أليكس ميسودي، جامعة دورهام، المملكة المتحدة

تُلقيت: 22 أكتوبر 2014. **قُبلت:** 17 فبراير 2015. **نشرت:** 13 مايو 2015

توافر البيانات: جميع البيانات مرفوعة على Dryad : doi:10.5061/dryad.rq43r.

التمويل: لم يُشر المؤلفون إلى أي دعم حصلت عليه هذه الدراسة.

تضارب المصالح: صرّح المؤلفون بخلو عملهم من تضارب المصالح.

الملخص

نقدم هنا طريقة تحليلية لقياس التغيرات وتقييمها في المجاميع المتسلسلة زمنيا، ومن أجل توضيح هذه الطريقة قدمنا دراسة حول التطور الثقافي في المطبخ الأوروبي كما ظهر في سبعة كتب موزعة على الثمانمائة سنة الماضية، بحثنا فيها مسألة ما إذا كانت التغيرات في مجموعة من المكونات المستخدمة عادةً في الطهي تتغير تدريجيا أو تخضع لتقلبات الموضة. ومن خلال تطبيق طريقتنا على البيانات الواردة في هذه الكتب كشفنا عن وجود استمرارية واضحة في الطهي على مر العصور بصورة عامة، فالطهي باعتباره معرفة تنتقل عبر الأجيال ليست أمرًا يُعاد اختراعه في كل جيل، إلا أن تفحص ثلاث فئات رئيسية من مكونات الطهي كُلًّا على حدة (التوابل والمنتجات الحيوانية والخضار) كشف أنها لا تتغير تبعًا للنمط ذاته. ففي حين كان اختيار المنتجات الحيوانية متحفظا للغاية ويتغير تدريجيا بالتتابع، كان التغير في التوابل والخضار أكثر حرية، وقد رجحنا احتمالية أن يعود ذلك لمزيج من تقلبات الموضة والتغير في وفرة هذين المكونين بسبب الاتصال بالأمريكيتين خلال الفترة التي تتناولها الدراسة بالبحث. هذه الطريقة التي نعرضها هنا صالحة أيضا للتطبيق على أنواع أخرى من مجاميع البيانات، وبالتالي يمكن أن تكون ذات فائدة في تحليل البيانات الأركيولوجية المتسلسلة في نفس المنطقة أو غيرها من المواد المنظمة تنظيما مشابها.

المقدمة

نقدم في هذه المقالة طريقة تحليلية لقياس التغيرات وتقييمها في المجاميع[1] المتسلسلة زمنيا. هذه الطريقة يمكن أن تكون قابلة للتطبيق على المكتشفات الأركيولوجية المؤرخة جيدا. وقد اخترنا المسافة الإقليدية[2] مقياسا للاختلاف في هذه الورقة، لكن يمكن اختيار مقياس مسافة آخر تبعًا للبيانات والفرضيات المدروسة، وقد سمح لنا تحويل المسافة الإقليدية إلى مسافة زمنية بين نقطتين متجاورتين تسلسليا بتفحص مقدار التغير في التغير ذاته. وبالرغم من أن الطرق الموجودة لدراسة وتيرة التطور الثقافي ليست نادرة [1، 2، 3، 4] فإن طريقتنا -حسبما نعلم- هي الطريقة الأولى الصالحة للتطبيق على المجاميع التي تحوي عادة بياناتٍ متكررة وسجلات من العناصر التي تحمل قيمةَ موجودٍ/غير موجود. وقد شرحنا هذه الطريقة من خلال تفحص التطور الثقافي للطهي كما تُظهرها سبعة كتب متوزعة على الثمانمائة سنة الماضية.

تناول الطعام فعل ينغمس فيه البشر من كل الأعمار بحماسٍ على نحو يومي، فالأكل ضرورة حيوية؛ إذ أنه خلال اثنتي عشرة ساعة منذ آخر وجبة يتناولها الإنسان يبدأ احساس الجوع بالظهور، وخلال عشرين ساعة تقريبا يبدأ الجسد البشري بالتغير فزيولوجيا للدخول في حالة التضور [5]، وهكذا فالناس يحتاجون إلى الغذاء بدافع الضرورة الحيوية، لكن الطعام وطريقة تناوله يحويان عنصرا ثقافيا قويًا أيضًا؛ فتجارب التذوق -سواء أكانت جيدة أو سيئة- هي انطباع حسي[3]، لكن ما نميل إليه باعتباره طعما جيدًا، أو ننفر منه

---

1. المجاميع (Assemblages) في الأركيولوجيا هي مجموعة التحف أو القطع الأثرية المترابطة زمانيا ومكانيا ويجمعها سياق ثقافي مشترك، مثاله البسيط هو ما تكشفه الحفريات من قطع ذات طبيعة ثقافية في مواقع أثري واحد.
2. المسافة الإقليدية أو المترية الإقليدية هي المسافة (الخط المستقيم) بين نقطتين في الفضاء الإقليدي، وقد يتكون هذا الفضاء من عدة أبعاد (إحداثيات).
3. يتولد هذا الانطباع الحسي من ملامسة حلمات التذوق في اللسان للغذاء.

باعتباره طعما سيئا هو أمرٌ نتعلمه من الآخرين إلى جانب التجربة الذاتية، وهذا يعني أن انطباعات التذوق الجيدة والسيئة ليست صفة ذاتية في أي نوع من الأطعمة.

ونتيجةً لذلك فإن قائمة المواد التي أُعتبرت غذاءً -عبر تاريخ الإنسان وعبر امتدادات سُكناه الجغرافية- هائلة جدا [6، 7، 8]، فالبشر يُظهرون في الحقيقة قدرة استثنائية في العيش على مجموعة واسعة من الأنظمة الغذائية، وبسبب هذه القدرة تمكن الإنسان وحده -مقارنة بالثدييات التي تقاربه حجمًا- من استخلاص الغذاء من جميع البيئات على ظهر الأرض تقريبا، حتى بالرغم من أن الإنسان لا يأكل عادة جميع ما هو قابل للأكل في بيئته حتى في أيام القحط والمجاعة. إن هذه القدرة البشرية على التنوع الثقافي في النظام الغذائي يجعل الطعام وتناوله موضوعا مناسبا لدراسة التطور الثقافي.

في هذه الورقة نعرض نتائجَ دراسة مقارنة بين المُكوِّنات المستخدمة في مجموعة مختارة من كتب الطهي في شمال غرب أوروبا في فترة تمتد من نهايات القرون الوسطى إلى نهايات العصر الحديث. ورغم وجود دراسات سابقة عديدة تتناول التغير في ثقافة الغذاء -وهي تقدم وجهات نظر مختلفة وأحيانا متعارضة [9، 10]- لكن أغلبها يركز على جوانب محددة مثل: الهوية الجنسية [11، 12]، أو المشاعر [13] أو الهوية العرقية [14]، وبالرغم من أن هناك أيضا أمثلة على دراسات عُنيت بأنماط عامة من التغير [15، 16]، لكن عندما يدخل موضوع التطور في الدراسة يتم التركيز عادة على الأبنية الحيوية [17] بدلا من الثقافة، ونحن لا ننكر ارتباط هذه المقاربات الأكثر تخصصية بالموضوع لكن بحثنا هنا يُعنى بأنماط التغير الثقافي في إطار زمني أشمل.

لقد أوضحتْ أوراق سابقة أهمية مجموعات الوصفات الغذائية بالنسبة لدراسة التغيرات قصيرة المدى في كتب الطهي المعاصرة ([18] مثلا)، لكن ما يهم ورقتنا هو التاريخ الطويل نسبيا لكتب الطهي وأيضا مدى ملاءمتها

للمقاربات القائمة على المقارنة المنهجية، ولذلك قمنا بتطوير طريقة لتحليل النصوص حوّلنا فيها الوصفات -بأسلوب منهجي- إلى خوارزميات من أجل تسهيل عملية التحليل الإحصائي [15].

في دراسة أخرى أجريناها على المادة ذاتها لاحظنا زياداتٍ في تعقيد عملية الطهي خلال الثمانمائة سنة الأخيرة على مستوى الخطوات والأساليب والمكونات والمكونات شبه الجاهزة[1]، وفي هذه الدراسة نركز عوضا عن ذلك على سؤال ما إذا كان التغير في الطهي يحدث تدريجيا أم على شكل قفزات، وما إذا كنا نستطيع تحديد أي انقطاعات في المواد المستخدمة بين تقاليد العصور المختلفة.

لقد اتسمت العادات الغذائية بطبيعة محافظة جدا، ونُظر إليها باعتبارها أمرًا يتغير ببطء عبر العصور، وباعتبارها موضوعا يُدْرس من منظور المُدد الطويلة[2] [19]، وهو ما يؤكد على مسألة نقل transmission العادات والمعارف من جيل إلى آخر[3]، إلا أنه بالنسبة لفن الطهي وعادات الطعام يحدث التغير أيضا من خلال الاقتراض من تقاليد الطهي الأخرى، ومن التشويه (النسخ وأخطاء النقل)، والموضة (تذبذب التغيرات في شعبية الوصفات وظهور مكونات لا علاقة لها بالوصفات ومكوناتها)، والابتكار (التعلم الفردي).

إذا كان الاقتراض يتم من مجموعة ذات وجاهة اجتماعية فيمكن أن ينتج عن ذلك تغير سريع وواسع الانتشار (موضات الطعام)، في حين إذا كان الاقتراض من الأقران (الجيران المتشابهين في نمط الحياة) فإن التغير يكون أبطأ

1. المكونات التي تُعدّ سلفا لتدخل لاحقا في عملية تحضير طبق غذائي.

2. استخدم المؤلفون المصطلح الفرنسي (longue durée) للإشارة إلى مقاربة تدرس التاريخ من خلال الفترات الزمنية الطويلة باعتبار أن الأحداث الأقصر هي حقل السير، والسرد الزمني للوقائع، والتأريخ الصحفي.

3. هذا المعنى يحيل إلى فكرة اتصال الثقافة البشرية ببعضها جيلا بعد جيل، وانتقال المعارف عبر التوارث في المجموعة الواحدة المتصلة تاريخيا في مقابل الفكرة التي تأتي بعدها وهي "تشويش" هذا الاتصال عبر دخول عناصر من ثقافات أخرى (مع استبعاد ما تحمله كلمة تشويش من إيحاء سلبي).

والانتشار أقل، أما التشويه فهو تغير بطيء وخفيّ يظهر في الأطباق مع الزمن بحيث تزداد أو تقل مقادير المكونات أو تُستبعد أو تستبدل أو يضاف عنصر جديد إلى الوصفة [15].

ومن ثَمّ فقد وضعنا التنبؤات التالية: إذا كان ثمة وجود قوي للتعلم الاجتماعي من الأجيال الأسبق، فيفترض بالتشابه أن يكون كبيرا جدًا بين النقاط المتجاورة تعاقبيا[1] في تسلسل زمني، أما أصناف الطعام التي تتعرض أكثر لتغيرات سريعة بسبب الاقتراض من التقاليد الغذائية للآخرين أو من الموضة أو من الابتكار ستتحدد من خلال عدم امتلاكها التشابهات الأكبر بين النقاط المتجاورة تعاقبيا، ونتوقع أنه من المفترض أن تتغير المواد الأساسية في الغذاء مثل منتجات الحيوانات والخضار تدريجيا أكثر مقارنة بالتوابل التي يفترض بها أن تكون أكثر عرضة لتقلبات الموضة.

وبناء على ذلك طرحنا سؤالين: (1) هل يتطور الطهي عمومًا بطريقة تدريجية أم على هيئة قفزات؟ و (2) هل تتغير المكونات في كل صنف (المنتجات الحيوانية والخضار في مقابل التوابل مثلا) بطريقة مختلفة عبر الزمن؛ أي هل نستطيع تعقب أنماط مختلفة من التطور الثقافي في الطهي؟

تاريخ ثقافي موجز عن الطهي

إن تلخيص التاريخ الثقافي للطهي -حتى عندما نقتصر على شمال غرب أوروبا- يشكل تحديا؛ فهو في الحقيقة موضوعٌ تفيض به الكتب (مثلا [8، 20، 21])، ومع ذلك فإنه يمكن ملاحظة بعض العموميات، فالتاريخ الثقافي للطهي يرتبط بتوفر المواد الغذائية نوعًا وكمًا، والتي تعتمد بدورها على اختلاف المناطق عن بعضها (مثلا [22])، كما تعتمد أيضا على تقنيات الحفظ والنقل. وباختيارنا دراسة منطقة واحدة (شمال غرب أوروبا) أصبح تأثير الفرق

1. سيتضح لاحقا أن كل كتاب سيتحول إلى نقطة في الفضاء الإقليدي وبالتالي فهم يشيرون هنا إلى كل كتابين لا يفصل بينهما كتاب ثالث زمنيا.

المناطقي ضئيلا، إلا أن الفروقات الاجتماعية لا يمكن تقليصها بالطريقة ذاتها؛ فعلى سبيل المثال تمثل الحبوب ما يزيد على 50٪ من إجمالي ما تحصل عليه الطبقات الدنيا من السعرات الحرارية بل ويصل أحيانا إلى 70-75٪ وذلك في أغلب تاريخ أوروبا، ولذلك فإن كتب الطهي التي تأتي من مختلف الطبقات الإجتماعية يمكن أن تُظهر اختلافا مرده الفروقات الطبقية أكثر مما هو ناتج عن عمليات التطور الثقافي.

لقد صيغت ثقافة الغذاء في العصور الوسطى بشكل أساسي من خلال المراسيم الكنسية مع وجود تأثيرات من ثقافة الطعام العربية التي ساهمت صقلية وإسبانيا في إدخالها إلى أوروبا أكثر مما ساهمت به الحروب الصليبية. وكان أغلب الطعام يُطهى على نار مفتوحة في موقد تقليدي باستخدام تقنيات الطهي المناسبة، وكان الكثير من الوجبات اليومية في البيوت العادية لا تعدو قِدْرًا واحدا يحوي يخنة، وأساليب حفظ الطعام المتاحة -وإنْ بدرجات متفاوتة- هي التجفيف، والتخليل، والتمليح، والتخمير، والتدخين.

لكن عصر النهضة شهد إدخال مواد طهي جديدة جُلبتْ من العالم الجديد، فضلا عن إعادة اكتشاف العديد من المواد القديمة واستحداث آداب مائدة جديدة مثل استخدام الشوكة والسكين، وظلت هذه المستجدات -حتى ظهور الثورة الفرنسية- تنتشر بشكل رئيسي داخل البلاط والطبقة الأرستقراطية والفئات التي تطالها التقلبات السياسية في مدها وجزرها، إلا أن الغالبية العظمى من أوروبا كانت تقف على مشارف المجاعة، وكان يُنظر إلى السلطات العامة باعتبارها المسؤولة عن توفير الغذاء لرعاياها، وعندما فشلت اندلعت ثورة من أجل الغذاء، وظهرت فترة من الصراعات الواسعة على الغذاء مصحوبة بصراعات عسكرية مماثلة (حرب الثلاثين عام على سبيل المثال)، واستمرت هذه الحالة منذ بدايات القرن السابع عشر إلى العقود الأولى من القرن التاسع عشر وإنْ بصورة متفاوتة في مناطق أوروبا.

بعد أن هدأت التشنجات الاجتماعية التي خلفتها الثورة الفرنسية شرع الطهاة البارزون في المتاجرة بالمؤن الغذائية، وإدارة المطاعم، والفنادق، الأمر الذي ساندته الطبقة البرجوازية من خلال إيجاد بيئة مناسبة لنمط حياة يقوم على التبذير في استهلاك المنتجات الغذائية، وكان يرفد هذه المنتجات عملية تحول مستمرة باتجاه مجتمع صناعي. كما تغيرت طريقة تقديم الطعام خلال القرن التاسع عشر من تقديم مجموعة الأطباق دفعة واحدة إلى تقديمها طبقًا تلو الآخر. وفي منتصف القرن ذاته تقريبا حدث تغير مهم في عملية الطهي فقد اختفت مواقد النار التقليدية وظهرت عوضا عنها المواقد أو الطباخات الحديدية، وخلال الفترة ذاتها ظهرت علب الطعام المعدنية وسيلةً لحفظ الأغذية، وتوقف السكر عن أن يكون طعاما خاصا بالموائد الفاخرة، وبدأت سيطرة الحبوب على نظام الغذاء الأوروبي بالتراجع في العقود الوسطى من القرن التاسع عشر فيما زادت نسب أغذية أخرى وخاصة اللحوم.

بعد العام 1900 أُدخل التبسيط في مسألة تزيين الأطباق (المطبخ الكلاسيكي[1] Cuisine classique) بالإضافة إلى تغيرات ابتكارية في تنظيم وتقسيم العمل في مطابخ المطاعم، وبدأت فكرة الاستهلاك "الديموقراطي" للطعام بالانتشار مدفوعة بفكرة حرية الاختيار، وأصبح التعبير عن الفروقات الاجتماعية يتجلى أكثر فأكثر من خلال النوع لا الكم، وأخذ استخدام الثلاجات وسيلةً لحفظ الأطعمة بالشيوع، وبحلول نهاية الخمسينيات من القرن ذاته دخلت أساليب طهي جديدة للمحافظة على معايير التغذية التي صاغتها توترات البساطة الحديثة[2] New Simplicity، وظهر نمط من الإعداد القائم على الأناة والدقة

---

1. أسلوب مبسط من الطهي الراقي الفرنسي (Haute cuisine) مبني على أعمال الطاهي أوجست اسكوفر مارسته المطاعم والفنادق الأوروبية الفخمة منذ بدايات القرن العشرين.
2. حركة قادتها مجموعة من الموسيقين الألمان الشباب في نهاية السبعينيات وبداية الثمانينيات تجمع بين موقفها من الحركة الطليعية الأوروبية التي ظهرت في الخمسينيات وموقفها من الميل الأوروبي العام إلى الموضوعية في معناها الأشمل منذ بدايات القرن العشرين، وتقوم على الدفقات الإبداعية (في مقابل الأعمال جيدة التخطيط) مع انفتاح على مسألة التواصل مع الجمهور.

مع أسلوب فني في التقديم (المطبخ الجديد[1] Nouvelle cuisine). وتميزت الفترة المتأخرة من العصر الحديث بازدياد التدويل[2] internationalization فيما يتعلق بالوصفات وأساليب الطهي ومواده، بالإضافة إلى زيادة الأطعمة شبه الجاهزة المعدة للتحضير السريع في أفران المايكروويف. لقد تُلقيتْ هذه التقنيات المنزلية الحديثة باعتبارها ستسرّع عملية الطهي إلا أنها وبعكس المتوقع زادت تنوع الأطباق التي نأكلها عوض أن تقلل الوقت المستهلك في الطهي [23]. وظهر في هذه الفترة المتأخرة ابتكار يتعلق بحفظ الأغذية، وهو يزداد شيوعا يوما بعد يوم، إنه المعالجة الأيونية[3] للغذاء.

لقد تمكنت هذه التطورات الأخيرة في مجال نقل الأغذية وحفظها إلى حد كبير من إلغاء العلاقة المعروفة بين نوع الطعام والموسم والمنطقة الجغرافية، وخلال كل ذلك خضعت ثقافة الطعام الأوروبية لدرجات من المعايرة الاجتماعية[4] Normalization، وصارت العادات الغذائية موسومة بالمحددات الاجتماعية أكثر من الحدود الجغرافية، بالرغم من ذلك فإن قوائم الأطباق التقليدية غالبا ما تُستعاد في الولائم والاحتفالات وأعياد الفصح، كما ظهر في المطابخ العالمية ميل لالتقاط عنصر من أسلوب المطبخ الكلاسيكي مع الاحتفاظ بنمط بسيط عند التقديم مضافًا إليها بعض أساليب المطبخ الجديد.

1. أسلوب طهي فرنسي خَلَفَ المطبخ الراقي (Haute cuisine) ظهر في الستينيات ومال إلى تخفيض نسبة الدهون في الأطباق واعتنى بطريقة التقديم.

2. مصطلح يفتقر إلى الاتفاق لكنه يعني بالعموم العمليات التي تزيد من مشاركة المؤسسات على المستوى الدولي، كما أنه يحيل إلى فكرة التعاون المشترك بين الدول على أساس ادراك الاختلاف واحترامه لصالح المنفعة المتبادلة.

3. عملية تعريض المؤن الغذائية لإشعاع مؤيّن وهي تساعد على تقليل خطر الأمراض وتؤخر عمليات النضج أو الفساد كما تحمي البلدان المستوردة من خطر الانتشار المفرط للحشرات الدخيلة القادمة من الخارج.

4. تعني في علم الاجتماع الخطوات التي تؤدي إلى اعتبار الأفكار والسلوكات معيارا أو قيمة اجتماعية طبيعية أو مطلوبة.

المواد والطرق

اختيار كتب الطهي

اختيرت منطقة شمال غرب أوروبا بسبب غناها بالمادة المطلوبة مقارنة بالمناطق الأخرى، وبسبب السهولة النسبية للوصول إلى هذه المادة أيضا، واقتصر اختيارنا فيما يخص كتب الطهي الأقدم على تلك المكتوبة بالإنجليزية أو السويدية لعدم امتلاكنا معرفة كافية بلغات أخرى قديمة كانت أم معاصرة. وكما هو حال كل المخطوطات المكتوبة باليد حَوتْ كتب الطهي مشاكل عويصة وجب علينا التعامل معها؛ إحدى هذه المشاكل هي أن عددًا من المخطوطات التي تنتمي إلى بداية المرحلة الزمنية في دراستنا هي في الحقيقة نسخ مختلفة من الأصل ذاته، ولحل هذه المشكلة اعتمدنا على العمل المتقن للباحثين الذين حققوا هذه المخطوطات ونشروها.

هناك مشكلة أخرى أيضا، وهي أسلوب كتابة هذه الكتب الذي تغير مع الزمن، فالوصفات القديمة غالبا ما تحوي ملاحظات قصيرة للطهاة المتخصصين مكتوبةً بطريقة أرستقراطية إقطاعية، ومتشحةً بصبغة ملكية، في حين أن الكتب الأكثر حداثة موجهة للجمهور الأوسع، وهذا يمكن أن يؤدي إلى تحيز أكبر اتجاه الوصفات الأرقى المعروضة في كتب الطهي الأقدم. وهناك ملمح آخر هو أن مخطوطات الطبقة العليا تحتوي أطباقا معقدة ومكلفة وأطباقا يومية بسيطة، بالمقابل يوجد أمر مماثل في الكتب المتأخرة فهي تحوي أطباقا يومية وأطباقا للاحتفالات.

وآخر إشكالات مصدر البيانات هو أنه حتى عندما يتعلق الأمر بكتب الطهي فإنها تُكتب بأجندة مسبقة وبنيّة تغيير أفكار القراء أو سلوكهم، سواء كان هذا الأمر معلنا أو مخفيا في طيات الكتاب، هذه الأجندة يمكن أن تكون مدفوعة بأيديولوجيا غايتها الوصول إلى أبعد من محيط الطهي المباشر.

كتاب الطهي بالتالي ليس مجرد عَرضٍ لممارسات حدثت في زمانِ الكتابة ومكانها، كما أن ورود وصفة فيه لا يعني بالضرورة أنها حُضّرت بالفعل، فالعديد من الكتب يمكن أن تصوّرَ بواقعية ما يتمنى الناس طهيه أو التهامه [11]، إلا أننا نعلم أو نمتلك أسبابًا للاعتقاد بأن الكتب التي اخترناها كان يُستفاد منها على نحو عمليّ.

اخترنا في هذه الدراسة التركيز على شمال غرب أوروبا عموما، والدول الاسكندنافية خصوصا طلبا للاتساق الأكاديمي. أقدم كتب الطهي المضمنة في الدراسة هو أيضا أقدم مخطوط طهي معروف من الحقبة ما بعد الرومانية، كُتبَ على الأرجح في النصف الأول من القرن الثالث عشر ويحمل اسم: الكتاب الصغير لفن الطهي Libellus de arte coquinaria. وهو محفوظ في أربعة مخطوطات مترابطة مكتوبة بالدنماركية القديمة والآيسلندية والألمانية الدنيا، جميعها منسوخة في فترة أقدم بقليل من مخطوطة فرنسية على الأغلب [24].

يلي هذا الكتاب 150 مخطوطة أخرى سبقت عصر الطباعة كُتبتْ بلغات مختلفة، إلا أنه يمكن تصنيف أغلبها في عوائل متشابهة بناء على اشتراكها في مجموعة من الوصفات التي تشكل سلفا مفقودا، وهذا جعل عدد الوصفات المتمايزة أقل بكثير [25]. وقد اخترنا من هذه الفترة كتاب أشكال كوري the Forme of Cury (أشكال الطهي لكوري الفرنسي) وهو يحوي نحو 250 وصفة من القرن الرابع عشر، يُقدِّمُ فيه مؤلِفه باعتباره "رئيس طهاة الملك ريتشارد الثاني" مثالا على مجموعة الوصفات التي يمتلكها طاهٍ محترف من بيئة أرستقراطية.

ارتفع عدد الكتب بعد أن ظهر أول كتاب طهي مطبوع تحت عنوان "حول المتعة الصحيحة والصحة الجيدة" De honesta voluptate et valetudine في إيطاليا عام 1475 [26]، وقد كانت إيطاليا هي الدولة الرائدة في عصر النهضة، في حين ازدهر إنتاج كتب الطهي الفرنسية في القرن السابع عشر

وامتلكت موقعا قويا منذ ذلك الحين. وكان لكتب الطهي الألمانية الكثيرة في القرنين السادس عشر والسابع عشر تأثيرا قويا على كتب الطهي السويدية التي يوجد منها كتاب منسوخ بخط اليد من القرن السابع عشر، أما أقدم الكتب السويدية المطبوعة فيعود للعام 1642. وكنموذج على هذه الفترة اخترنا كتابًا مجهول المؤلف هو كتاب فن الطهي الصغير Een Lijten Kockebook من العام 1650 [27]، والذي جُمعت مادته على الأغلب من أصول ألمانية، وهو يصف الطهيَ المنزلي بطريقة مقارنة.

بالنسبة للقرن الثامن عشر فهناك كتب طهي سويدية عديدة يمكن تصنيف أغلبها في خانة "كتب التدبير المنزلي" حيث تحوي وصفاتٍ تتجاوز مسألة طهي الطعام بكثير. من هذه الكتب اخترنا كتاب جوستاف ابراهام بايبر Gustaf Abraham Piper الذي كتبه هدية لزوجته الشابة مارتا ستور Märta Sture في العام 1739، ويحوي 368 وصفة لمختلف أنواع الطعام والشراب [28]. وقد وُضعَ هذا الكتاب والكتاب الذي سبقه في فترة صراعات الغذاء الواسعة (بدايات القرن السابع عشر إلى بدايات القرن التاسع عشر، Montanari, 1998:108).

توجد في القرنين التاسع عشر والعشرين كتب كثيرة جدا بالرغم من أن النصف الثاني من القرن العشرين شهد انتقال الدور الذي تلعبه كتب الطهي إلى مجلات الطعام ومواقع الشبكة العنكبوتية نوعا ما. اخترنا من أواخر القرن التاسع عشر كتاب هاجدال C. E. Hagdahls : الطهي باعتباره علما وفنا Kok-konsten som vetenskap och konst [29]، والذي نُظر إليه باعتباره الكتاب الذي أدخل فن الطهي الحديث إلى السويد، ويحوي 3000 وصفة وملخصا مهمًا عن فن الطهي الأوروبي في ذلك الوقت. وعلاوة على ذلك فقد قدّم هذا الكتاب نوعًا جديدًا من التفكير ينطلق من منظور فزيولوجيا التغذية، إن هذا كتاب يحمل أجندته الخاصة؛ فهو بلا شك كتب بنية تغيير سلوك الناس في علاقتهم بالغذاء.

من القرن العشرين اخترنا كتابين: كتاب كايسا في فن الطهي Kajsas Kok-bok Kajsa's الذي نُشر للمرة الأولى في الثلاثينيات، واخترنا نحن طبعته الرابعة والعشرين الصادرة في عام 1976 [30]، وقد حمل هذا الكتاب في البداية عنوانا فرعيا هو: "كتاب فن الطهي للبيوت الريفية". واخترنا لتمثيل الفترة الحديثة المتأخرة كتابا كلاسيكيا سويديا أيضا هو: كتاب طهينا Vår Kokbok الذي نشرته الجمعية التعاونية الاستهلاكية السويدية وانتقينا نحن طبعته الثانية والعشرين الصادرة في العام 1999 [31]. ولأن الكتاب يستهدف القطاع العريض من الناس فقد كُتب بطريقة بسيطة وجديدة، مغيرًا بذلك تقاليد كتابة كتب الطهي ومقدما -إلى حد كبير- نمطا من الطهي المتمدن الحديث.

الجدول 1. كتب الطهي وتاريخها (التقريبي أحيانا) وعدد الوصفات الغذائية الداخلة في الدراسة

السنة	الكتاب	عدد الوصفات
1200	الكتاب الصغير لفن الطهي	17
1390	كتاب أشكال كوري	29
1650	كتاب فن الطهي الصغير	28
1739	كتاب مارتا للتدبير المنزلي	28
1879	كتاب الطهي باعتباره علما وفنا	30
1976	كتاب كايسا في فن الطهي	30
1999	كتاب طهينا	30

الطرق

مقاربتنا كمية إحصائية تهدف إلى تقديم تعميمات تجريبية مبنية على بيانات متسلسلة زمنيا (أنظر [28])، وفي حين تركز الطرق السابقة التي تبحث في وتيرة التطور الثقافي على التطور الثقافي لصفات الأفراد [1، 2، 3] -وتفترض أحيانا وجود قرابة عرقية بين الصفات الثقافية [4]- تركز طريقتنا على المجاميع. وحسب علمنا فإن دراستنا هذه تقدم الطريقة الأولى من نوعها الصالحة لمقارنة التكرارات في المجاميع المرتبة تسلسليا، وهكذا فإن طريقتنا غير قابلة للمقارنة بما قبلها لأن الطرق الأسبق لا تتضمن خياراتٍ لدراسة التغير في المجاميع (مثل [1، 2، 3، 4]).

يمكن تلخيص الطريقة كالتالي: سعينا لترميز[1] coding عشر وصفات من الأصناف التالية: وصفات الدواجن ووصفات الأسماك ووصفات اللحوم الحمراء، اخترناها عشوائيا إلا أنه لم يتوفر هذا العدد من الوصفات من كل صنف في جميع الكتب (الجدول 1).

ثم حصرنا القيم التالية في كل وصفة: عدد الأساليب/التقنيات، وعدد خطوات عملية التحضير، وعدد المكونات، وعدد المكونات شبه الجاهزة (وهي المكونات المعدة سلفا وتحوي مادة أولية (خام) واحدة)، وعدد المكونات شبه الجاهزة المركبة (وهي المكونات شبه الجاهزة التي تحوي مادتين أوليتين على الأقل)، وعدد المكونات شبه الجاهزة المعدة ذاتيا من الطاهي نفسه. وعلاوة على ذلك حصرنا الخطوات الجزئية المنفصلة أيضا [15].

وتبيّن أن 302 مكونًا مختلفا قد أُستخدمت في هذه الوصفات التي بلغ عددها 192 وصفة، لكن العدد الأكبر من هذه المكونات لم يكن يظهر في الكتب إلا أحيانا، فالمجموعة الأولى المختارة من المكونات كانت عتبة[2] ظهورها هي

1. ترميز أو تشفير هي عملية تحويل قطعة من المعلومات مثل نص أو صورة إلى شكل معلوماتي آخر، والمقصود هنا تحويل الوصفات إلى شكل رقمي لمعالجته بالخوارزميات.

2. إذا افترضنا أن عدد الوصفات هو 30 وصفة فإن عتبة الظهور التي تساوي 10٪ على الأقل تعني أن

10 بالمائة على الأقل من الوصفات في أي كتاب من كتب الدراسة، وهذا مثّل ما مقداره 76 مكونا مختلفا فقط وظلت البقية متقطعة الظهور، واستُخدمتْ هذه المجموعة لتفحص التغير في ثلاثة أصناف هي المنتجات الحيوانية والخضار والتوابل. وباستخدام عتبة ظهور أكبر هي 35 بالمائة من الوصفات في أي كتاب من كتب الدراسة حصلنا على 22 مكونا مختلفا، واستُخدمت هذه المجموعة في تفحص الاتجاهات العامة للتغير.

وللقيام بعملية التحليل احتسبنا التكرار النسبي للمكونات في كل كتاب كالتالي: لكل مكون i وكتاب طهي b تكرار نسبيٌّ هو:

$$f_{b,i} = \frac{n_{b,i}}{N_b}$$

حيث $n_{b,i}$ هو عدد الوصفات في كتاب الطهي b التي تحوي المكوِّن i ، و N_b هو العدد الإجمالي للوصفات في الكتاب b.

ثم جعلنا كل كتابٍ نقطةً في الفضاء الإقليدي تتحدد قيمتها من خلال اعتبار كل تكرار نسبي لمكون من المكونات بُعدًا من أبعاد هذا الفضاء بحيث يصبح كتاب الطهي b هو النقطة:

$$\vec{b} = (f_{b,i}, \dots, f_{b,m})$$

حيث m هو عدد المكونات.

هدفنا هو أن نَعْرف كيف تتغير كتب الطهي عبر الزمن، وبالتالي فإن الفرق بين الكتب هو ما يعنينا. من أجل قياس ذلك استخدمنا ما يعرف بالمسافة الإقليدية:

يظهر المكون في ثلاث وصفات على الأقل، أما العتبة التي تساوي 35٪ على الأقل في ذات الكتاب فتعني أن يظهر المكون في عشر وصفات على الأقل.

$$\delta(\vec{a}, \vec{b}) = \sqrt{\left(f_{a,1} - f_{b,1}\right)^2 + \cdots + \left(f_{a,m} - f_{b,m}\right)^2} \leq \sqrt{m}$$

ومن أجل الملاءمة convenience وأيضا المقارنة الحدسية -intuitive com parability قمنا بإعادة تعريف المسافة :

$$\hat{\delta}(\vec{a}, \vec{b}) = \delta(\vec{a}, \vec{b}) \leq \sqrt{m}$$

حيث a هو كتاب الطهي التالي، وهذا يعطينا فكرة عن الكيفية التي تختلف بها كتب الطهي، إلا أن الكتب ليست موزعة بالتساوي عبر الزمن وبالتالي فإن تحليل وتيرة التغير لا يمكن الوصول إليه بطريقة مباشرة.

لوضع التوزيع الزمني المتفاوت في الحسبان أضفنا مترية[1] أخيرة، لم نلجأ إلى القسمة على الزمن المنقضي لتقدير تفاوت الخلفية الطبيعي باعتبار أنه حتى كتابا الطهي اللذان يصدران في اليوم ذاته سيختلفان عن بعضهما قليلا، بل عوضا عن ذلك احتسبنا المسافة الوزنية[2] الدُنيا (المقدار الأقل من الاختلاف بين المجاميع) بين أي كتابين وهي:

$$d_{min} = min_{\vec{a}, \vec{b}} \, \hat{\delta}(\vec{a}, \vec{b})(1 - \gamma)$$

وذلك لجميع قيم $\vec{a}, \vec{b}$، حيث $0 \leq \gamma \leq 1$ هي القيمة التقديرية للمقدار الذي يؤثر به عامل الزمن على الاختلاف بين الكتابين b ، a. وبالتالي تكون المترية الأخيرة كما يلي:

---

1. المترية أو دالة المسافة هي دالة تعرّف المسافة بين عناصر تنتمي لمجموعة واحدة.
2. إضافة الوزن إلى معادلة هي عملية تهدف إلى اختبار تأثير مجموعة من القيم في النتيجة النهائية، بحيث لا تساهم جميع متغيرات المعادلة بالقدر ذاته في النتيجة.

$$d(a,b) = \left[\hat{\delta}(\vec{a},\vec{b}) - d_{min}(1-\gamma)\right] \frac{t_{max} - t_{min}}{|t_b - t_a|}$$

حيث t هي تواريخ نشر الكتب.

عندما تكون قيمة γ هي 1.0 فإن الاختلاف بين كتابي الطهي يحدث كله بسبب فرق الزمن، وعندما تكون قيمة γ هي 0.1 يكون تأثير فرق الزمن هو 10٪ من المسافة الدنيا بين أي كتابي طهي، وأخيرًا فقد أعدنا تعريف المترية مرة ثانية باعتبار الزمن الكلي المحتسب وذلك بإضافة $t_{max} - t_{min}$.

النتائج

المكونات الاثنان والعشرون الموجودة في 35٪ من الوصفات في أي كتاب من كتب الدراسة مرتبة حسب زيادة شيوعها في الكتب عبر الزمن هي: لحم الخنزير والقرفة والزعفران والخل والنبيذ والدجاج وصفار البيض ومسحوق الحصن[1] والزنجبيل والمرقة[2] والملح والصولجان[3] والماء والفلفل والفلفل الأبيض والسمن النباتي والبصل والزبدة والليمون والبقدونس والدقيق والقشدة (الشكل 1).

قارنّا التوزيعات ببعضها (الشكل 1) عن طريق احتساب المسافة الإقليدية النسبية، ونتجت عن ذلك القيم الواردة في الجدول 2 (الجدول الداخلي الأعلى). ووجدنا أن الاختلاف بين الكتب المتجاورة مباشرة هو الأقل بالعموم، حدث ذلك في ست من أصل سبع حالات، والاستثناء كان في كتاب الطهي الذي يعود للعام 1200 فهو أكثر قُربا من كتاب الطهي الذي يعود للعام 1650 مقارنة

1. خليط من التوابل المطحونة تحوي الفلفل والقرنفل كمكونات أساسية.

2. المرقة هي السائل الناتج عن غلي مكونات غذائية مثل العظام أو اللحم أو الخضار وتدخل في إعداد الأطباق الأخرى مثل الشوربة أو الصلصة ويمكن أن تُتناول بمفردها، تم إنتاجها في العصر الحديث على هيئة مكعبات سريعة التحضير مثل الماركة الشهيرة ماجي.

3. نوع من التوابل يحضّر من جوزة الطيب.

بذلك الذي يعود للعام 1390. وأكبر تغير عبر الزمن في الفترة ما قبل الحديثة حدث بين كتابيْ العامين 1650 و 1739، لكنه يتقلص بسبب معدل التغير بين 1976 و 1999 (الجدول 3)، إلا أن هذا المعدل الأخير المرتفع من التغير قد يكون بسبب نسبة الإشارة إلى الضوضاء المرتفعة[1] لأن هذين الكتابين قريبان من بعضهما زمنيا.

قسمنا مجموعة البيانات بناء على عتبة الظهور 10٪ على الأقل في ثلاث فئات مختلفة: التوابل (n = 20) والمنتجات الحيوانية (n = 21) والخضار (n = 21) (الملحق S1 والجدول 1). وقد تم تحليل كل فئة بشكل منفصل بواسطة المسافة الإقليدية في القيم المتعاقبة زمنيا (الجدول 2، الجداول الداخلية الثلاثة السفلى)، ووجدنا أن التشابه في المنتجات الحيوانية هو أكبر ما يكون بين الكتب المتعاقبة زمنيا على نحو مباشر بما مقداره سبع من أصل سبع حالات، بينما وجدنا تغيرا تدريجيا في استخدام الخضار (خمس من أصل سبع) والتوابل (أربع من أصل سبع)، ومرة أخرى وجدنا أن أكبر تغير عبر الزمن في الفترة ما قبل الحديثة حدث بين 1650 و 1739، ووجدنا أيضا أنه يتقلص بسبب معدل التغير بين عامي 1976 و 1999 (الجدول 3).

المناقشة

لقد دللت طريقتنا -القائمة على مقارنة مسافات إقليدية لمجاميع متسلسلة زمنيا (كتب الطهي السبعة)- على وجود رابطة في استخدام مكونات الوصفات الغذائية على الأقل من القرن الرابع عشر وحتى أواخر القرن العشرين. وفي ستة من أصل سبعة أعمدة في الجدول 2 ظهر أن أكبر تشابه في التوزيع يوجد في كتب الطهي المتعاقبة زمنيا على نحو مباشر، وهذا يدل على نمط عام من التعلم من الأجيال الأسبق فيما يتعلق باستخدام هذه المكونات، إلا أن كتاب

1. Signal-to-noise ratio هي نسبة تقارن القيمة المتوقعة بالضوضاء التي تحدث في الخلفية. والمقصود هنا التشويش الذي يُحدثه التقارب الزمني في نتيجة المعادلة.

الطهي من القرن الثالث عشر انحرف قليلا عن هذه القاعدة، وهذا قد يعني وجود فترات فرملة قصيرة في عملية التعلم الاجتماعي، أو لعل ذلك يعود لحقيقة أن مخطوطة الكتاب هي الأقل حفظا بين كتب الدراسة.

يمكن مشاهدة تغير كبير نوعا ما بين العامين 1739 و 1879 (الجدول 2)؛ حيث أن كتاب العام 1739 وما قبله أكثر مماثلة للكتب الأقدم، في حين أن كتاب العام 1879 وما بعده أكثر مماثلة للكتب الأحدث، في دلالة واضحة على حَدَثِ الانتقال من العصر ما قبل الحديث أو ما قبل الصناعي إلى العصر الصناعي الحديث. لكن بياناتنا تشير بالعموم إلى وجود اتصال في الطهي عبر القرون، وتثبت النتائج أن الطهي بالعموم ممارسة تتوارثها الأجيال، جيلا بعد جيل، أكثر من كونها عرضة لتقلبات الموضة الكبيرة. إن هذه الطريقة يمكن أن تطبق أيضا على أنواع أخرى من مجاميع البيانات (الآثار التي تكشفها الحفريات الأركيولوجية مثلا).

أظهرت المصفوفات الزمنية للفئات الرئيسية الثلاث (التوابل والمنتجات الحيوانية والخضار) وجود حالات خاصة مثيرة للاهتمام؛ ففي الجدول الخاص بالتوابل كانت الكتب المتجاورة زمنيا تصل إلى التشابه الأكبر في ما مقداره أربع حالات فقط من أصل سبع (الجدول 2، الجدول الداخلي الثاني من أعلى) مشيرة إلى أن اختيار التوابل قد يكون أكثر عرضة لتقلبات الموضة أو الابتكار مقارنة بالمكونات الأخرى. إن مقارنة ذلك بما يوجد في الجدول حول مختلف المنتجات الحيوانية (البرية والمائية) (الجدول 2، الجدول الداخلي الثالث من الأعلى) حيث الكتب الأكثر تشابها متجاورة زمنيا في جميع الأعمدة السبعة يدلل على مسألة التعلم من الأجيال السابقة في اختيار المنتجات الحيوانية. إلا أن الأمر ذاته صحيح بالنسبة للخضار التي تسجل معدلها الأعلى في ثلاث حالات من أصل سبع (الجدول 2، الجدول الداخلي الرابع من الأعلى)، وهو ما يعني أن الخضار تشكل حالة وسيطة مثيرة للاهتمام بين المنتجات الحيوانية

الجدول 2 متريات المسافات الإقليدية المعاد تعريفها مرتبة زمنيا بين كتب الطهي محتسبة بناء على توزيعات المكونات

جميع المكونات	1200	1390	1650
1200	0.00	5.59	**4.75**
1390	5.59	0.00	**5.18**
1650	4.75	5.18	0.00
1739	5.61	6.42	**4.09**
1879	6.40	5.78	5.71
1976	6.89	6.03	5.69
1999	6.40	5.80	5.44
التوابل	1200	1390	1650
1200	0.00	9.53	**6.85**
1390	9.53	0.00	**8.40**
1650	6.85	8.40	0.00
1739	9.35	11.84	**6.70**
1879	9.47	12.23	10.28
1976	11.93	12.09	11.44
1999	7.91	11.88	9.05
منتجات الحيوانات	1200	1390	1650
1200	0.00	**8.30**	8.47
1390	**8.30**	0.00	9.99
1650	8.47	9.99	0.00
1739	11.06	10.59	7.41
1879	11.26	10.82	7.60
1976	12.47	11.50	8.15
1999	10.59	8.40	8.44
منتجات الخضار	1200	1390	1650
1200	0.00	**16.47**	17.63
1390	16.47	0.00	**7.91**
1650	17.63	**7.91**	0.00
1739	18.29	**8.42**	8.65
1879	17.67	8.77	9.02
1976	17.80	9.80	9.10
1999	17.00	8.00	7.77

تظهر الجداول المسافات لجميع المكونات (n = 22) وللتوابل (n = 20) والمنتجات الحيوانية (n = 22) ومنتجات الخضار (ن = 21) الموجودة في ٪35 من وصفات كل كتاب بالنسبة لجميع المكونات و ٪10 بالنسبة للفئات الثلاث (التوابل ومنتجات اللحوم والخضار)، المسافات تظهر على هيئة نسبة مئوية حتى تكون النتائج (المتريات) قابلة للمقارنة.

1999	1976	1879	1739
6.40	6.89	6.40	5.61
5.80	6.03	5.78	6.42
5.44	5.69	5.71	**4.09**
5.39	5.07	4.54	0.00
4.84	**3.26**	0.00	4.54
4.54	0.00	**3.26**	5.07
0.00	**4.54**	4.84	5.39
1999	1976	1879	1739
7.91	11.93	9.47	9.35
11.88	12.09	12.23	11.84
9.05	11.44	10.28	**6.70**
8.92	11.70	9.75	0.00
5.68	9.99	0.00	9.75
9.70	0.00	9.99	11.70
0.00	9.70	**5.68**	8.92
1999	1976	1879	1739
10.59	12.47	11.26	11.06
8.40	11.50	10.82	10.59
8.44	8.15	7.60	**7.41**
7.58	5.11	**2.78**	0.00
6.94	3.77	0.00	**2.78**
6.42	0.00	**3.77**	5.11
0.00	**6.42**	6.94	7.58
1999	1976	1879	1739
17.00	17.80	17.67	18.29
8.00	9.80	8.77	8.42
7.77	9.10	9.02	8.65
10.22	10.90	10.04	0.00
3.97	**5.08**	0.00	10.04
4.61	0.00	5.08	10.90
0.00	4.61	**3.97**	10.22

المسافة من الكتاب إلى الكتاب الأكثر شبها منسقة بالخط العريض، أما المسافة إلى الكتاب الأقل شبها فتحتها خط، كلما كانت المسافة أقصر (أو كلما كانت القيمة أقل) زاد التشابة بين الكتابين فيما يتعلق بمقدار المكونات المكتوبة في الزاوية الأعلى على اليمين من كل جدول من الجداول الدخلية الأربعة.

الشكل 1 (في الصفحة المقابلة). توزيع المكونات الموجودة في 35٪ على الأقل من وصفات كتب الطهي مرتبة من اليسار إلى اليمين حسب شيوعها في الكتب: المكونات الأكثر شيوعا في الكتب الأقدم على اليسار والمكونات الأكثر شيوعا في الكتب الأحدث على اليمين

الجدول 3. معدل التغير (الاختلاف عبر وحدة الزمن، أو المعادلات السابقة) في توزيع المكونات الموجودة في 35٪ على الأقل من وصفات كتب الطهي (جميع المكونات) أو الموجودة في 10٪ من الوصفات (التوابل ومنتجات الحيوانات والخضار) باستخدام قيم تقديرية مختلفة لمقدار الاختلاف بين الكتب الذي يحدث بسبب عامل الزمن (γ)

γ	1200–1390	1390–1650	1650–1739	1739–1879	1879–1976	1976–1999
جميع المكونات						
1.0	0.235	0.167	0.372	0.229	0.274	1.65
0.5	0.165	0.116	0.222	0.174	0.137	1.07
0.1	0.108	0.075	0.103	0.098	0.027	0.613
التوابل						
1.0	0.401	0.258	0.601	0.556	0.823	3.37
0.5	0.281	0.171	0.346	0.394	0.589	2.38
0.1	0.186	0.101	0.142	0.264	0.402	1.59
المنتجات الحيوانية						
1.0	0.336	0.314	0.650	0.162	0.288	2.28
0.5	0.277	0.270	0.523	0.081	0.171	1.78
0.1	0.229	0.235	0.421	0.016	0.078	1.39
الخضار						
1.0	0.637	0.242	0.789	0.587	0.428	1.64
0.5	0.552	0.180	0.607	0.471	0.261	0.939
0.1	0.484	0.130	0.461	0.379	0.127	0.376

عندما تكون قيمة γ هي 1.0 فإن الاختلاف بين كتابي الطهي يحدث كله بسبب فرق الزمن، وعندما تكون قيمة γ هي 0.1 يكون تأثير فرق الزمن هو 10٪ من المسافة الدنيا (أقل قيمة اختلاف بين المجاميع) بين أي كتابي طهي.

0.2
0.1
0
0.2
0.1
0
0.2
0.1
0
0.2
0.1
0
0.2
0.1
0
0.2
0.1
0
0.2
0.1
0
لحم الخنزير
القرفة
الزعفران
الخل
النبيذ
الدجاج
صفار البيض
مسحوق الحمص
الزنجبيل
المرقة
الملح
الصولجان
الماء
الفلفل
الفلفل الأبيض
السمن النباتي
البصل
الزبدة
الليمون
البقدونس
الدقيق
القشدة

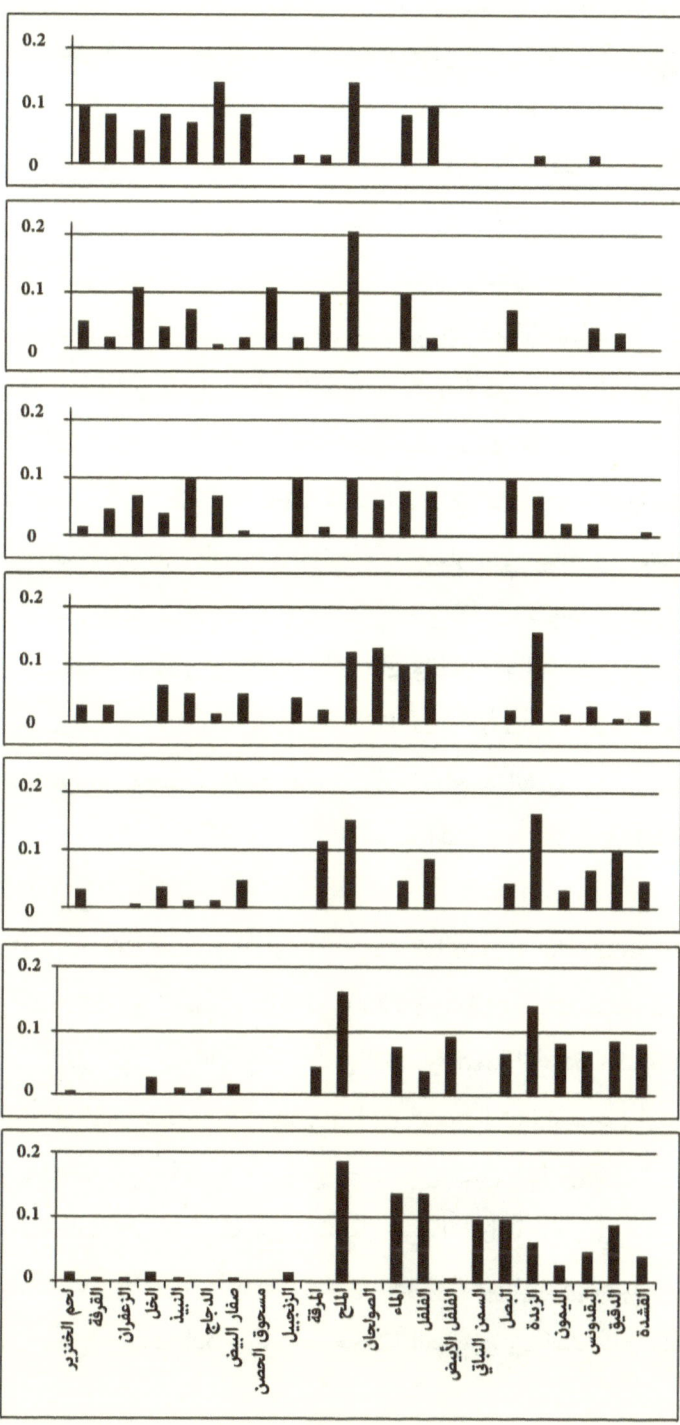

والتوابل، ولعل ذلك يرجع إلى دخول خضار جديدة من الأمريكيتين في الفترة التي نتناولها بالدراسة، لاحظ أيضا أن اللحوم والأسماك والطيور هي المكونات الرئيسية في جميع الوصفات بينما الخضار والتوابل ليست كذلك، إذ أننا أخذنا المنتجات الحيوانية بالإجمال دون التفصيل في ماهية المنتج الحيواني.

نتائجنا تشير إلى أن المكونات المختلفة تتغير بشكل مختلف عبر الزمن؛ وبالتالي فإنه من الممكن تتبع أنماط مختلفة من التعلم الاجتماعي في المجاميع المتسلسلة زمنيا. إن التوابل -أي النكهات- هي الأكثر عرضة للتأثر بالموضة وتأثيرات الطبقات ذات الوجاهة الاجتماعية وذلك لا يثير أي استغراب بطبيعة الحال، أما الطبيعة المحافظة فيما يتعلق بمنتجات الحيوانات فهي في تغاير واضح مع تلك الطبيعة المرتبطة بالخضار التي يبدو أن انتقالها من العصر ما قبل الحديث أو ما قبل الصناعي هو الأكثر وضوحا في هذه الفئة. كما أن استخدام الخضار في أطباق الأسماك واللحوم والدواجن يتباين تباينا بليغا، يجب التذكر هنا أننا درسنا هنا فقط هذه الأطباق (الأسماك واللحوم والدواجن) وليس وجبات كاملة. بالتالي فإن الأطعمة الغنية بالكربوهيدرات المسيطرة على المائدة بشكل دوري والأطعمة المصاحبة والأطباق الجانبية لم يتم تضمينها في الدراسة.

تختلف معدلات التغير في المادة المدروسة كما تشير إلى ذلك نتائج الدراسة؛ فما بين كتابي القرون الوسطى (العامين 1200 و 1390) كانت التغيرات صغيرة نوعا ما، والتغير الأكبر عبر الزمن حدث في الخضار نتيجة الزيادة الكبيرة في عدد أنواع الخضار المستعملة في الأطباق. كما أن التغير الكبير المفترض أن يحدث في عصر النهضة لم ينعكس في أي تغير حدث بين كتابي العامين 1390 و1650، وكانت التغيرات التي حدثت بين الكتابين هي التغيرات الأقل في الدراسة إلا أنها حوت التغير الأكبر فيما يخص فئة المنتجات الحيوانية، وبتحليل البيانات بطريقة أعمق وجدنا الكثير من التغيرات الصغيرة في استخدام المنتجات

الحيوانية بالإضافة إلى تغير واحد كبير أو بالأحرى تغير عنيف في استخدام الزبدة بين هذين الكتابين. وبين كتابي الطهي في العامين 1650 و 1739 حدثت تغيرات كبيرة نسبيا عبر وحدة الزمن، كان أكبرها ذلك الذي ظهر في استخدام الخضار وأصغرها في استخدام التوابل (الجدول 3).

التغير الأكثر إثارة للدهشة هو زيادة استخدام الخبز والخبز المبشور في الأطباق، ويبدو أنه قد أُستخدم لتغليظ الطعام، وكما ذكر أعلاه فقد شاهدنا زيادة في معظم الاجراءات والتدابير التي سجلناها في دراسة سابقة [15]، مع زيادات في عدد الخطوات والتقنيات والمكونات والمكونات شبه الجاهزة عبر الزمن، وهذا يمثل مجرد اتجاه عام يصف الصورة الكبيرة؛ فكتب الطهي بين العامين 1650 و1739 شهدت تراجعا يصل إلى ما تحت خطوط الانحدار في عدد من الجوانب هي: عدد الخطوات والعمليات والمكونات والمكونات شبه الجاهزة، إذ أن هذه الفترة التي يقع فيها الكتابان هي فترة اضطراب في أوروبا امتدت من عصر التنوير إلى عصر الباروك وإلى فترة صراع الغذاء الواسعة منتهيةً مع الثورة الفرنسية و/أو بداية الحروب النابليونية، وسواء أكان ذلك جيدًا أم سيئًا فإن الفوضى التي اجتاحت الفترة أدت إلى زيادة التفاعل بين الناس والانكشاف على بيئات اجتماعية جديدة، الأمر الذي قد يكون زاد من تبادل الأفكار فيما يتعلق بالطهي وعادات الأكل أيضًا [32].

بين العامين 1739 و 1879 كان التغير الأكبر في الخضار مرة أخرى (الجدول 3). وهناك انخفاض واضح جدا في استخدام السكر والخبز، ولعل الأخير كان بسبب وجود الطحين لغرض تثخين الطبق فقد لوحظت زيادته، وظهر أيضا هنا الطماطم للمرة الأولى، لقد كانت الفترة بين هذين الكتابين هي فترة انتهاء عصر الأنوار وانتهاء الثورة الفرنسية والحروب النابليونية أيضا، لكن الأكثر أهمية هو دخول المواقد الحديدية والمعلبات حيز الاستخدام، وكان انخفاض استخدام السكر في أطباق الأسماك والدواجن واللحوم الحمراء مثيرا للاهتمام

خاصة أنه لم يعد من الأطعمة الفاخرة، ويمكن أن يكون ذلك مرتبطا بدخول التفكير الجديد المتعلق بفزيولوجيا التغذية الذي انتشر من خلال كتاب العام 1879.

بين العامين 1879 و 1976 كان أكبر تغير يمكن العثور عليه هو في التوابل (الجدول 3). وخلالها حدث تغير كبير في عملية الطهي وطرق الحفظ (المواقد الكهربائية والثلاجات ... إلخ)، لكن صحبته تغيرات أخرى تتعلق بالتعبير عن الفروق الاجتماعية وكان من بينها الغذاء وأساليب تناوله. والتغيرات اللافتة للنظر في البيانات المتوفرة لدينا هي ظهور الفلفل الأبيض والشبت، مصحوبا باختفاء صلصلة الباقوت[1] bouquet وجوزة الطيب، إن الفروق الاجتماعية التي صار يُعبر عنها من خلال النوعية والأسلوب عوضا عن كمية الطعام وماهيته تلائم جيدا التغير الواضح في استخدام التوابل. وتراجعت أيضا الهيمنة التاريخية للحبوب لصالح اللحوم، في دراستنا السابقة [15] لاحظنا تناقص عدد المكونات شبه الجاهزة ذاتية التحضير بين هذين الكتابين مسببة انقطاعا في توجه قديم يقوم على الزيادة، إن عدم إعداد المكونات شبه الجاهزة ذاتية التحضير يعتبر ظاهرة حديثة جدًا، ولا يبدو أن مثل هذا الانقطاع موجود في الاستخدام العام للمكونات شبه الجاهزة، ذلك أن المجتمع الحديث يقوم إلى حد كبير بشراء المكونات شبه الجاهزة عوضًا عن تحضيرها في المنزل.

في كتابي الطهي بين العامين 1976 و 1999 وجدنا أن أكبر التغيرات عبر وحدة الزمن في مجموعة البيانات بأكملها هو مرة أخرى التغير في استخدام التوابل تتبعه المنتجات الحيوانية (الجدول 3)؛ لقد تضاعف عدد التوابل ليصبح ٪85 تقريبا، ومن بين المنتجات الحيوانية زاد بشكل ملحوظ استهلاك الدجاج، بالإضافة إلى زيادة كبيرة في الحليب الطازج مصحوبا بانخفاض استهلاك القشدة، هذا الاستخدام المكثف للحليب الطازج في الطهي يعتبر

1. صلصة تعدُّ أساسًا من الكراميل ونكهات الخضار.

ظاهرة حديثة بكل وضوح، تجدر الإشارة إلى أن المسافة الزمنية بين هذين الكتابين هي المسافة الأقصر في الدراسة بأكملها، وهذا يمكن أن يكون قد أثّر في قيمة التغير عبر وحدة الزمن لأن المقام هنا أصغر مقارنة بالمقامات بين كتب الطهي الأخرى، لكن تفحص مقدار الفرق بين كتب الطهي الذي حدث بسبب تأثير عامل الزمن أظهر أن معدل التغير يظل واضحا جدا مع وجود تشويش خلفية مقداره 90% من المسافة الدُنيا (أقل قيمة اختلاف بين المجاميع) بين أي كتابي طهي في المصفوفة ما عدا الخضار فقد ظل واضحا عند نسبة 50% . وبالعموم فإن الزيادة الكبيرة في معدل التغير ربما تكون حقيقية، ولعلها تكون مؤشرا على زيادة الترابط العالمي؛ فقد شهدت الفترة عمليات تدويل وتوسع في العلاقات التجارية وعمليات معايرة اجتماعية مرتبطة بالغذاء، ولعله ليس من المستغرب أن يزيد عدد المكونات في ظل سوق الأطعمة العالمي وإمكانات وسائل الحفظ والنقل المعاصرة، لكن عدَّ المكونات في الوصفة الواحدة يشير أيضا إلى وجود خليط غذائي أكثر تعقيدا من السابق. تُظهر هذه الدراسة أيضا أن زيادة التعقيد المشاهدة سابقا [15] ترافقها على الأرجح زيادة في معدل التغير في توزيع المكونات في الوصفات في السلسلة المدروسة من كتب الطهي في شمال غرب أوروبا.

المعلومات الداعمة

الملحق S1. يوضح مجموعة مختارة من المكونات المستخرجة من كتب الطهي في هذه الدراسة. doi:10.1371/journal.pone.0122092.s001

شكر وتقدير

نشكر الزملاء في مركز دراسة التطور الثقافي على المناقشات القيمة والإسهامات التي قدموها لهذا المشروع.

مساهمات المؤلفين

تصور التجارب وتصميمها: سفن اساكسون، ألكسندر فونك، آيدا إنفول، ماجنوس إنكست، باتريك ليندينفورس.

إجراء التجارب : سفن اساكسون، ألكسندر فونك، آيدا إنفول، باتريك ليندينفورس.

تحليل البيانات: سفن اساكسون، ألكسندر فونك، آيدا إنفول، باتريك ليندينفورس.

كتابة الورقة   : سفن اساكسون، ألكسندر فونك، آيدا إنفول، باتريك ليندينفورس.

المراجع

1. Perreault C (2012) The pace of cultural evolution. PLoS ONE 7: e45150. pmid:23024804 doi: 10.1371/journal.pone.0045150

2. Acerbi A, Bentley RA (2014) Biases in cultural transmission shape the turnover of popular traits. Evolution and Human Behavior 35: 228–236. doi: 10.1016/j.evolhumbehav.2014.02.003

3. Beheim BA, Thigpen C, Mcelreath R (2014) Strategic social learning and the population dynamics of human behavior: The game of Go. Evolution and Human Behavior 35: 351–357. doi: 10.1016/j.evolhumbehav.2014.04.001

4. Currie TW, Mace R (2014) Evolution of cultural traits occurs at similar relative rates in different world regions. Proceedings of the Royal Society B: Biological Sciences 281: 20141622. doi: 10.1098/rspb.2014.1622. pmid:25297866

5. Ståhle L, Ljungdahl Ståhle E, Granström E, Isaksson S, Annas P, Sepp H (2011) Effects of sleep or food deprivation during civilian survival training on cognition, blood glucose and 3-OH-butyrate. Wilderness & Environmental Medicine 22: 202–210. doi: 10.1016/j.wem.2011.02.018

6. Davidson A (1999) The Oxford Companion to Food. Oxford: Oxford University Press.

7. Eidlitz K (1971) Föda och nödföda. Hur människan använde vildmarkens tillgångar. Stockholm: LTs Förlag.

8. Kiple KF, Ornelas KC (eds.) (2000) The Cambridge World History of Food. Volume 1 & 2. Cambridge: Cambridge University Press.

9. Harris M (1987) Foodways: Historical Overview and Theoretical Prologomenon. In Food and Evolution: Toward a Theory of Human Food Habits, ed. Harris M & Ross E. pp. 57–90. Philadelphia: Temple University Press.

10. Lentz C (1991) Changing food habits: An introduction. Food and Foodways: Explorations in the History and Culture of Human Nourishment 5: 1–13. doi: 10.1080/07409710.1991.9961988

11. Neuhaus J (2003) Manly Meals and Mom's Home Cooking. Cookbooks and gender in modern America. The John Hopkins University Press. Baltimore.

12. Sobal J (2005) Men, Meat, and Marriage: Models of Masculinity. Food and Foodways: Explorations in the History and Culture of Human Nourishment 13: 135–158. doi: 10.1080/07409710590915409

13. Locher JL, Yoels WC, Maurer D, van Ells J (2005) Comfort Foods: An Exploratory Journey Into The Social and Emotional Significance of Food. Food and Foodways: Explorations in the History and Culture of Human Nourishment 13: 273–297 doi: 10.1080/07409710500334509

14. Searles E (2002) Food and the Making of Modern Inuit Identities. Food and Foodways: Explorations in the History and Culture of Human Nourishment 10: 55–78. doi: 10.1080/07409710212485

15. Envall I, IsakssonS, Enquist M, Lindenfors P In review. The cultural evolution of cooking.

16. Isaksson S (2010) Food for thought: On the culture of food and the interpretation of ancient subsistence data. Journal of Nordic Archaeological Science 17: 3–10.

17. Crittenden AN (2011) The importance of honey consumption in human evolution. Food and Foodways: Explorations in the History and Culture of Human Nourishment 19: 257–273. doi: 10.1080/07409710.2011.630618

18. Symons M (2009) From Modernity to Postmodernity: As Revealed in the Titles of New Zealand Recipe Books. Food and Foodways: Explorations in the History and Culture of Human Nourishment 17: 215–241. doi: 10.1080/07409710903356307

19. Katz SH (ed.) (2003) "French and British Cooking" Encyclopedia of Food & Culture. Vol. 2. Gale Cengage. eNotes.com. 17 Jan, 2013 <http://www.enotes.com/french-british-cooking-reference/>

20. Montanari M (1994) The Culture of Food. Oxford: Oxford University Press.

21. Goldstein D, Mennell S, Merkle K, Parasecoli F (2005) Culinary cultures of Europe: identity, diversity and dialogue. Strasbourg: Council of Europe Publishing.

22. Banegas Lopez RA (2010) Consumption of meat in Western European cities during the late middle ages: a comparative study. Food and History 8: 63–86.

23. Nyberg A (1989) Tekniken—kvinnornas befriare?: hushållsteknik, köpevaror, gifta kvinnors hushållsarbetstid och förvärvsdeltagande 1930-talet—1980-talet. Linköpings Universitet.

24. Grewe R, Hieatt CB (2001) Libellus de Arte Conquinaria. An Early Northern Cookery Book. Arizona Center for Medieval & Renaissance Studies.

25. Hieatt CB, Butler S (1985) Curye On Inglysch. Middle English Recipes—English Culinary Manuscripts of the Fourteenth Century. Oxford: Boydell & Brewer.

26. Platina Milham ME (1998). Platina, on right pleasure and good health: a critical edition and translation of De honesta voluptate et valetudine. Tempe, Arizona: Medieval & Renaissance Texts & Studies.

27. Wahlund PE (1990) En gammal svensk kokbok: från år 1650 / ånyo utgiven av Per Erik Wahlund. Södertälje: Fabel.

28. Wikström K (ed.) (2007) Märta Stures hushållsbok. Stockholm: Nordiska museets förlag.

29. Hagdahl CE (2004) Kok-konsten som vetenskap och konst. Stockholm: Carlsson in cooperation with Hagdahlsakademien.

30. Fransén K, Knudsen A, Bergström G (1976) Kajsas kokbok. 24th edition. Stockholm: LTs Förlag.

31. Andrews B, Lindgren B (1999) Vår kokbok. 22nd edition. Stockholm: Prisma.

32. Grignon C, Grignon C (1999) Long-term trends in food consumption: A French portrait. Food and Foodways: Explorations in the History and Culture of Human Nourishment 8: 151–174. doi: 10.1080/07409710.1999.9962086

مسرد المصطلحات

Animal morphologies	أشكال الحيوانية
Short-lived species	أنواع قصيرة العمر
conformism	امتثال
Standard deviation	انحراف معياري
New Simplicity	البساطة الحديثة
Internationalization	تدويل
Adaptive radiation	تشعب تكيّفي
Cultural Evolution	تطور ثقافي
Hunter-gatherers	جَمَعَة
Darwin	داروينة
Trait	صفة
Family	عائلة
Euclidean distance	مسافة إقليدية
Taxonomic level	مستوى تصنيفي
Nouvelle cuisine	المطبخ الجديد
Haute cuisine	المطبخ الراقي
Cuisine classique	المطبخ الكلاسيكي
Normalization	معايرة اجتماعية
Intuitive comparability	مقارنة حدسية
Convenience	الملاءمة
Ecosystem	النظام البيئي
Social transmission	نقل اجتماعي

Phenotype	نمط ظاهري
Species	نوع
Mutation	تحول
Coding	ترميز
Assemblages	مجاميع
Inheritance system	نظام وراثة

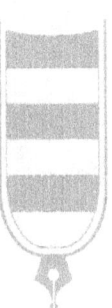